销售靠情,成单靠技巧

许烨 著

北京大学出版社
PEKING UNIVERSITY PRESS

内 容 提 要

本书是销售心理知识、销售技能的讲解与指导,从销售心理学知识、高情商话术与实用销售技巧这三大模块,对客户陌拜、接待、消费需求摸排、互动答疑引导消费、客户异议处理、推/逼单、成交、客户挽留、客户回访、老客户与低质客户开单资源挖掘、客户微表情识别与销售员的身体语言应用技巧、时间管理等全销售流程,进行了知识技能的讲解与指导。

本书内容安排理实结合,语言通俗易懂,每个章节配有的案例演示与解析,不仅能帮助读者更好地理解销售心理学,更能帮助其将技巧灵活套用到实际销售工作中。本书可作为各个行业销售人员的实战参考书,也可以作为相关培训机构的指导用书。

图书在版编目(CIP)数据

销售靠情商,成单靠技巧 / 许烨著. —— 北京:北京大学出版社,2020.8
ISBN 978-7-301-31345-9

Ⅰ.①销… Ⅱ.①许… Ⅲ.①销售—商业心理学 Ⅳ.①F713.55

中国版本图书馆CIP数据核字(2020)第104468号

书　　　名	销售靠情商,成单靠技巧 XIAOSHOU KAO QINGSHANG, CHENGDAN KAO JIQIAO
著作责任者	许　烨　著
责任编辑	吴晓月　刘　云
标准书号	ISBN 978-7-301-31345-9
出版发行	北京大学出版社
地　　　址	北京市海淀区成府路205号　100871
网　　　址	http://www.pup.cn　　　新浪微博:@北京大学出版社
电子信箱	pup7@pup.cn
电　　　话	邮购部010-62752015　发行部010-62750672　编辑部010-62570390
印　刷　者	三河市博文印刷有限公司
经　销　者	新华书店
	880毫米×1230毫米　32开本　8印张　233千字 2020年8月第1版　2020年8月第1次印刷
印　　　数	1-4000册
定　　　价	39.00元

未经许可,不得以任何方式复制或抄袭本书之部分或全部内容。
版权所有,侵权必究
举报电话:010-62752024　电子信箱:fd@pup.pku.edu.cn
图书如有印装质量问题,请与出版部联系,电话:010-62756370

序

销售职业门槛不高，可以说大部分人都有机会应聘一份有关销售的工作。然而，这并不意味着销售是一份简单、低要求的工作，因为销售员的试用期短，淘汰率高。届时就像筛子淘金一样，公司会毫不留情地筛除大批量的沙砾，只留下高价值、能发光的金疙瘩。

如果你能顺利通过试用期，体现出自己的销售能力，那么你的薪资就会水涨船高，你也会距离梦想中的成功人生越来越近。当然，这一切都要看你的销售业绩，你需要用实力证明自己。

我们都渴望获得成功，每一位销售员都希望天天成单，谁都不想成为被水冲走的沙子。但为什么有的销售员能毫不费力地维护好自己的客户群，轻轻松松地开单；而有的销售员虽用力很猛，却每天都在做无用功呢？其中的差别是因为运气，还是因为销售员的天资不同呢？

其实，销售工作就是一份与人打交道的工作。销售过程是一个获取客户好感并建立信任，让客户认可你、采纳你的建议的人际交往过程。但由于销售员是带着销售目的在进行这项社交活动的，因此准确拿捏营销分寸、消除客户的防御心理等，都是销售员需要潜心培养的能力。

我们要掌握并灵活应用这些销售技能，成为优秀的销售员，就离不开专业的心理学知识，这是基础。例如，客户对商品价格提出了异议，认为商品价格偏高。此时，如果销售员不了解消费者的心理，直接就价格问题向客户开展"攻势"，那么恐怕说得越多，把客户也推得越远。

从心理学的角度来说，针对价格异议，销售员要先确认客户提出这一异议的原因：是出于与销售员的敷衍互动，还是的确被价格问题所困扰。前者需要销售员使用区分客户质量的技巧，后者则需要销售员使用处理客户异议的技巧。这些技巧在本书中都有相应章节进行详细讲解与分析。比如，关于微表情相关内容的讲解，能帮助销售员更好地了解微表情在日常销售工作中的使用技巧。目前，微表情识别已经应用于各个领域。就我个人所开发的《解读肢体语言》这门课程来说，我不仅受邀到零售业企业和工业企业讲课，还去政府机构、街道社区、大学和中小学授课。说明大家对这门课程都很感兴趣，也从另一个角度印证了微表情识别在人际交往中的实用价值。

总体来说，本书中所讲的销售心理与技巧都是针对激发客户购买冲动，促进开单，提高成单率等销售核心目标的。

对于新入职场、想挑战高薪的销售员来说，此书提供了省时、讨巧的客户开拓、攻单，以及客情维护的方法；对于久经沙场、屡创业绩新高的销售高手来说，此书提供了可以被应用于销售行为的心理学知识。如果你能将其中的方法、技巧灵活地应用到自己的实际销售工作中，那么你的销售业绩将迎来新高。

如果你觉得目前的销售工作很难开展，身心俱疲，不妨从这本书中借鉴一些心理减压的方法，快速调适自己的状态，然后从书中选择适合自己目前的销售类型的方法，并积极实践。毕竟成功的经验都是在既往实践中一点一滴积累起来的。

希望此书能够给读者带来帮助与启发。书中的案例分享与解读、章节后的思考练习、扫描二维码可听的销售故事，都有助于读者更好地代入角色，从而激发读者的深度思考，帮助读者找到销售工作的突破点。另外，读者也可关注封底"博雅读书社"微信公众号，找到"资源下载"栏目，根据提示获取本书相关资源。

目录

Part 1
销售高手
都是心理学家

003　第一章　所谓会销售，就是要有同理心
004　第一节　同理心：95%的销售员缺乏的营销素质
009　第二节　"玩转"客户关怀，让业绩呈几何倍数增长
015　第三节　唤醒客户的积极情绪
019　第四节　情感反馈：跟客户"谈恋爱"
022　第五节　快速拉近与客户的心理距离
024　第六节　异议处理三步法

029　第二章　销售高手的心态管理法
030　第一节　重新定义销售心态
034　第二节　穷人思维和富人思维
037　第三节　你对自我价值的定义将决定你的人生
041　第四节　那些受乞丐心理影响的销售员最后都过得如何
045　第五节　所有的顾虑都源于对订单的不确定
048　第六节　优秀的销售员从来不会输给情绪
051　第七节　"鸡血刺激法"真的有效果吗
055　第八节　作为销售员，你知道如何保护情绪吗

061	第三章	不懂心理学，怎么做销售
062	第一节	如何在30秒内快速搞定你的潜在客户
064	第二节	如何用心理学原理攻下买单犹豫的客户
066	第三节	遇到无法解决的问题时，销售人员应该怎么办
071	第四节	如何成功唤醒客户的购买欲望
075	第五节	客户拒绝背后的深层心理及转化方法
079	第六节	如何利用心理学知识建立销售认知
087	第七节	什么理由能让客户掏钱买单
090	第八节	要抓住客户的注意力，一定要懂点消费心理学
093	第九节	客户为什么购买你的产品
096	第十节	客户只是需要一个购买理由

Part 2
"玩转"情商的人，
从来不担心业绩

101	第四章	所谓情商高，就是时刻散发个人魅力
102	第一节	客户最喜欢什么样的销售员
111	第二节	发展固定客源应具备的关键素养与能力
115	第三节	幽默还是没教养？你的情商决定了分寸感

119	第五章	高情商攻心话术
120	第一节	没有攻不下的客户，只有没技巧的话术
124	第二节	在沟通中做局
130	第三节	灵活改变营销话术
132	第四节	遇到"杠精"客户时该怎么办
135	第五节	90%的销售员不知道的"逼单"话术

139	第六章	所谓情商高，就是让客户愿意继续沟通
140	第一节	通过渐进式提问引导客户思维
145	第二节	这样提问让销售更轻松
152	第三节	精进提问，这几个问题你一定要知道

Part 3
销售精进：从"菜鸟"到高手的实战技巧

165	第七章	微表情背后的成交潜台词
166	第一节	报价情景中的肢体语言指导
169	第二节	如何通过肢体语言准确判断客户的消费水平
172	第三节	如何锁定客户爱听的营销话术
176	第四节	善用头部动作拉近与客户的心理距离
179	第五节	如何利用手部动作发起攻势
183	第六节	与客户对话时，怎么站位让人比较舒服

187　第八章　在有效的时间内创造最好的业绩

- 188　第一节　最佳时间管理秘诀——你对时间的主观感受
- 195　第二节　销售时间管理法——把时间用在最易出单的客户身上
- 199　第三节　如何高效利用自己的每一天
- 202　第四节　建立有效对话的沟通技巧
- 205　第五节　识别购买决策人，提高时间利用率

211　第九章　让业绩提升30%的客户回访课

- 212　第一节　轻松打动客户的销售跟进技巧
- 215　第二节　重新夺回客户的心，这两步一定要走对
- 219　第三节　如何让回访客户的工作变得轻松、有效
- 222　第四节　通过回访打造你的个人品牌

227　第十章　销售高手都在用的成单技巧全攻略

- 228　第一节　销售新人快速成单的方法
- 230　第二节　掌握成交正循环法
- 235　第三节　如何快速引导客户成交
- 238　第四节　如何在电话沟通中快速接触交易决策人
- 241　第五节　走好这3步，你能签下90%的订单
- 244　第六节　如何创造成交最佳时机，踢好销售的"临门一脚"

Part 1

销售高手
都是心理学家

所谓会销售,就是要有同理心
销售高手的心态管理法
不懂心理学,怎么做销售

第一章 所谓会销售,就是要有同理心

同理心:95%的销售员缺乏的营销素质
"玩转"客户关怀,让业绩呈几何倍数增长
唤醒客户的积极情绪
情感反馈:跟客户"谈恋爱"
快速拉近与客户的心理距离
异议处理三步法

第一节 同理心：95% 的销售员缺乏的营销素质

一名优秀的销售员需要具备哪些素质？企图心、竞争意识、狼性，这些可以让销售人员保持战斗力。但销售员不是战士，不是一味向前冲就能获得成功，销售员需要和客户打交道，实现商品成交。

我接触过的销售员不少，不论是面销、电销的一线销售员，还是带领事业部的销售总监，他们大多具备优秀销售员应有的素质，如企图心、竞争意识、狼性。不管这些是团队培训下的产物，还是他们对自身的要求，具备这些素质都很好。

唯独有一点是销售员普遍缺乏的，那就是同理心。销售群体中至多只有 5% 的销售员具备这一素质。

同理心有多重要？如果你具备同理心，就能听到客户内心的声音。这对你的成交来说，能起到关键作用。因为在与客户的交流过程中，你更容易接收到客户传递出的"弦外之音"，并适时地提出问题，增进对客户购买需求的了解。

越准确地了解客户的需求，越能快速结单成交，这是销售圈的一条真理。

下面这一个案例，请大家带着对比的眼光，去发现同理心在销售过程中发挥的作用。

案例分享

消费者：李大伯

购物需求萌发事件：李大伯的女儿考上了清华，为了庆贺女儿出色的发挥，也为了给女儿入清华做准备，李大伯揣上 2 万元，决定独自去电脑城买一台高配的笔记本电脑，给女儿一个惊喜。

客户类型：李大伯本身并不懂电脑，看着电脑城那么多商铺，两眼发花，感觉有点晕。

购物过程如下。

一号销售员：楞楞。

李大伯上楼后就近选择了楞楞的铺位。楞楞一看客户进来，立马热情地迎了上去："您好，大爷，想看些什么呐？"

李大伯擦了擦满头的汗，说："我女儿考上了清华，我要给她配台笔记本电脑。要好点的，你知道，进了清华，那学业压力会更大。"

楞楞感觉这会是一笔大生意，赶紧给李大伯介绍："您看，这个型号，I7 的。配置的显卡也好，运行特别顺畅。"

李大伯迟疑道："我也看不懂，这台真的好？"

楞楞回答："当然啦。我们这里来过好多《魔兽》的高端玩家，指明要订这台。您知道《魔兽》吗？最大型的网络游戏，对硬件的要求很高，用这台就没问题。"

李大伯一言不发，摆摆手就走了。楞楞在一旁摸不着头脑，不是介绍得好好的吗，怎么就走了？真是个怪老头儿。

二号销售员：王力。

李大伯又来到了拐角处王力开的电脑铺。王力也同样热情地招呼李大伯："大爷，您今天想看些什么呀？"

李大伯说："我女儿考上了清华，我要给她配台笔记本电脑。"

"噢，您女儿考上清华了？可真厉害啊！那可是名牌大学，考进去挺难的。您女儿一定很优秀。"王力眉开眼笑地回应道。

李大伯被哄得心花怒放："那可不。这孩子从小懂事，读书的事没让我们操过心。这次考上大学了，我寻思着给她买台好点的笔记本电脑，方便孩子在清华的学习。"

王力点头认同道："那是那是。考进了清华，可得把握住这么好的读书机会。

您想买什么价位的电脑呢?"

李大伯回答:"说实话,我也不太懂这个。但是为了孩子读书,肯定要质量好点的。"

王力介绍道:"大爷,您看这台,屏幕大,孩子看得时间长了,眼睛也不累。而且这键盘的位置是按照人体工程学设计的,您女儿将来用电脑完成作业,这手也不累。"

最终,在王力的推荐下,李大伯买到了称心的笔记本电脑,而王力也做成了这单生意。其实王力和楞楞推荐给李大伯的是同一款笔记本电脑。

案例思考

(1)楞楞输在了哪里?

(2)王力说了哪些话,同理了李大伯的情绪感受?

案例解读

(1)销售失误点一:重点放在了电脑介绍上。

如果孩子考入了名牌大学,那么父母最想听到的就是他人对孩子的夸奖和赞美。就如李大伯,每去一处商铺,第一句话就是"我女儿考上了清华"。

但是楞楞没有接收到这个信息,仍然按照简单的销售思维向李大伯介绍电脑。因此,李大伯的情感需求在楞楞这里没有得到满足。

而王力在这一点上做得就比楞楞好,他回应了李大伯女儿考入清华的事件,给予了李大伯情感回应,即说了李大伯爱听的话。

王力说的是:"噢,您女儿考上清华了?可真厉害啊!那可是名牌大学,考进去挺难的。您女儿一定很优秀。"很好地回应了客户的情感期待。

这样，王力与李大伯就建立起了良好的客户关系。

（2）销售失误点二：未捕捉到李大伯的购物需求。

在向李大伯推介电脑时，楞楞用了网络游戏玩家也在购买的营销说辞，试图打动李大伯。而李大伯购买电脑的目的是让女儿更好地学习。显然，游戏和学习在家长看来是两件互相冲突的事。

王力的营销说辞则贴合了李大伯的购物需求，同时强调了他所推介的电脑可以让李大伯的女儿在使用时更为舒适。这自然能更多地打动李大伯，从而实现成交。

我们来对比一下，两位销售员就同一商品（同一型号电脑）所使用的不同营销推介语。

客户李大伯：我也看不懂，这台真的好？/说实话，我也不太懂这个。

楞楞：当然啦。我们这里来过好多《魔兽》的高端玩家，指明要订这台。您知道《魔兽》吗？最大型的网络游戏，对硬件的要求很高，用这台就没问题。

王力：大爷，您看这台，屏幕大，孩子看得时间长了，眼睛也不累。而且这键盘的位置就是按照人体工程学设计的，您女儿将来用电脑完成作业，这手也不累。

通过对比，相信你能更清晰地体会到两位销售员在营销话术上的差别。楞楞没有灵活地针对当前客户调整话术，只是使用了惯常的推介语，将李大伯女儿对于产品的需求定位到了打游戏上。

王力做得讨巧的是，先用话术高捧了客户女儿的学习力，随后将营销话术定位到优秀学生对电脑的需求上。对于父母来说，都希望儿女把电脑当作学习工具，而不是将时间和精力都投入到网游上。同时，父母也都心疼自己孩子学习太辛苦。所以王力的话术，每段都切中了当前客户的心理需求，自然也更能打动客户了。

同理心不是简单地倾听，而是要求销售人员站在客户的角度，在倾听中了解客户的情感需求及购物目的。当你的营销话术在这两点上满足了客户的期待，就可以使客户认同你的推荐，从而让你的整个销售过程更加顺利。

> **心理学小贴士**
>
> **什么是同理心**
>
> 同理心在越来越多的场合被提及，因为随着生活水平、经济能力的提升，人们会更关注心理需求的满足。
>
> 试想下，如果你的爱人在你感到疲劳时，贴心地给你按摩；在你失意沮丧时，温柔地安慰你；在你收获成功后，能够感受到同样的喜悦……这个爱人是不是非常理想化呢？
>
> 之所以称为"理想化的爱人"，是因为他做到了"设身处地、感同身受"。当你疲劳的时候，他能够推己及人，不会要求你陪着逛街。因为他能联想到，自己累得不想说话时，需要的是休息与放松。
>
> 销售员也一样，有个课题叫作"与客户谈恋爱，成为客户理想化的爱人"，在本章第四节中有案例分享及详细讲述。当销售员向客户表现出自己的同理心之后，客户对销售员的满意度也会直线上升。

◎ **本节思考**

（1）记录当天自己在销售过程中的失误，并分析原因。

（2）你在销售过程中是如何运用同理心的？以一个星期为周期，找出3个运用同理心的实例并分析效果。

第二节 "玩转"客户关怀，让业绩呈几何倍数增长

你是为了自己销售，还是为了客户销售？

你可以通过这个问题的答案，来评估自己是否能做到客户关怀。

如果你是为了自己销售，那么你便很少能让客户感受到你对他真诚的关怀。因为你的所言所行，都是为了最大化地维护自己的利益。一旦客户感知到你纯粹是为了从他身上挣钱，客户不但会产生戒备心，还会对你有抵触心理。

如果你是为了客户销售，那么在整个销售过程中，你会将客户放在中心位置，客户会感受到"自己是重要客户"的优越感。

对于销售员而言，一般会认为购买力最弱、最节俭的群体是老年群体。他们夏天不舍得开空调，外出不舍得坐出租车，甚至连买菜都要选菜市场落市的时候，因为这个时候通常可以买到便宜的菜，可以"满载而归"。但如果销售员能做好客户关怀，那么老年群体也能成为优质客户。

案例分享

李浪是在大型超市里卖空调扇的。有位老大爷每次进超市都要先去李浪那里吹一会儿空调扇，凉快凉快。

前几次李浪当班的时候，都热情地接待了这位老大爷。但大爷每次吹凉爽了之后，一言不发就走了。隔壁柜台卖手机的销售员摇摇头，跟李浪说："你看，到我这儿的都是来蹭平板玩的，去你那儿的都是蹭凉快的。"

李浪笑笑，没有说话。

过了几天大爷又来了，站在空调扇前面吹着风，还上下打量空调扇。

李浪走过去向大爷介绍了空调扇，大爷有些为难地说："好是挺好，就是价

格太贵,我们领退休工资的买不起啊!而且这耗电也厉害。"

说完,大爷颤颤巍巍地走了。

李浪猜想大爷就住在附近小区,因为大爷几乎每天都要来超市转一圈。

有一次大爷想推超市的购物车,但因为身上没有一块钱硬币,所以无法解锁购物车。

李浪在柜台处正好能看到超市门口推购物车的地方,看到大爷"望车兴叹",加上这会儿也没什么客户,李浪就走了过去,主动拿出硬币为大爷解锁了推车。

大爷很高兴地朝李浪道了谢,推着车就进超市买东西了,最后这一块钱也没还给李浪。

李浪想着,就当是帮扶贫困老人吧。

过了大半个月,李浪心里纳闷,那位大爷怎么一直不出现了,为了一块钱也不至于啊。真是心里想着谁,谁就出现了。当天下午,大爷在儿子的陪同下来买空调扇了。

大爷对儿子说:"这小伙挺好,我每次进来觉着热,都要先去他那里凉快会儿。就这小伙态度挺好。另一个跟他对班的小伙不好,一副嫌弃我的样子。"

李浪赶忙帮同事跟大爷道歉:"大爷,您别往心里去。我们公司给的指标压力大,我同事也是心里烦。您怎么有阵子没来了?"

大爷笑呵呵地说道:"前阵子太热,在家中暑了。可把我儿子吓坏了,立马就从外地赶回来看我了,说什么也要给我安个空调。我说空调不用,我那老寒腿待不了空调房,不过你这空调扇我觉得不错。嘿嘿。"

最后,大爷的儿子选了台最贵的空调扇,弥补自己常年不在父亲身边陪伴、照顾的愧疚之情。

● 案例解读

如果李浪像他的对班同事,或是像手机柜台那位销售员一样,以销售产品为重心,那么他也会嫌弃一直来蹭空调扇但又没有购买力的客户。

但李浪是以客户为中心,即使是一位质量不太高的潜在客户,李浪也能以关怀的态度去对待。这样的态度最终也令他实现了自己的销售目标。

温情关怀客户，这是销售大招，任何销售话术都比不上这一招走心。身为销售者，有时候也是消费者，在日常的购买行为中，也能观察或体验到商户的温情关怀。在商品差异不大的情况下，我们会更倾向选择对我们表示关怀的销售员。

如果现在给你一笔创业资金，你可以开家小店积累财富。那么你会通过什么方式来给予客户温情关怀，让客户对你的黏着度更高呢？

在看完下面这个案例后，你可以尝试发挥自己的创新意识。以同样的资源背景，将自己代入到这位自主创业的店主角色中，想一个既能够温情关怀客户，又能突破客户心理防线的营销策略。

心理学小贴士 老年客户心理学

如果你的客户群体中有一部分为老年人，那么你要在销售环节加强社交性，这样可以极大地提高你与老年客户的黏着度，以及老年客户的回购率。

人如果缺少社交活动，身心健康就会受损，对于老年人而言，更会如此。

老年人如果缺少社交活动，往往会产生较大的心理压力，血压容易升高，免疫力会下降，更容易患上感冒等疾病。

很多空巢老人或独居老人因为缺少社交活动，内心孤寂，逐渐就会出现健康问题。销售员如果在此时及时补位，为老人提供温情关怀，那么会很容易赢得单子。

同时还要提醒，销售员需要有职业道德，不能以做单子为目的，对老人进行财产欺诈或情感欺骗。

案例分享

楞楞在公司里一直担任IT部门的技术人员。楞楞看着身边同龄人创业成功的案例，自己也坐不住了。于是他果断辞职，拿出攒的老本在自家小区附近开了一家电脑公司。

因为公司新开张，又是小本经营，所以楞楞只有出奇招才能经营下去。他想了这么一招：在本店买电脑可以先付定金，15天后使用满意再付全款。

楞楞靠这招打消了客户觉得在小店购买电脑的不安全感。在小区里，就有这样一对退休夫妻在他那里买了电脑。那对夫妻退休后日子过得十分悠闲，老先生是名教授，平时喜欢时政，也爱追赶当下年轻人的潮流，很想配台适合自己使用的电脑。

楞楞很耐心地了解了教授的想法，并按照教授的喜好罗列了配置，这让教授感到很满意。在装配好电脑后，他还帮这对老夫妻把电脑搬运上楼，指导教授在家里接线，直到教授能够自己操作为止。

当然，楞楞肯定是希望客户能够付清全款，而不是在15天之后将电脑退回去。于是他平时还经常关照两位老人，看到老人家里电灯坏了，楞楞也会热心地帮忙维修更换。

在楞楞的周到服务下，教授夫妻没到15天就把全款付清了。过了半年，教授在美国进修的儿子回来，在教授的介绍下，教授的儿子也在楞楞店里配了一台高性能的电脑。

楞楞的生意就这么一桩一桩地做了起来。由此可见，一旦你能做到温情关怀客户，你的生意运势也会越来越旺。

案例思考

（1）你认为楞楞开店的优势在哪里？

（2）为什么15天试用期还没到，客户就愿意主动付清全款？

对于楞楞这样出来单干的私营店主,优势不明显,劣势一箩筐,例如资金薄、无客户基础、杂事都要自己干等。很多创业者创业初期激情满满,但很快会因为这些劣势败下阵来。部分原因也在于他们没能将劣势转化为优势。

就像楞楞初期开店,客户虽少,但这也是一种优势,即时间上的优势。创业者与其将自己的时间耗费在店中守株待兔,刷手机看视频,不如主动出击,去关心客户。

首先,从这个角度来看,客户少反而让楞楞的空余时间足够多。这在小店的初期发展阶段可以作为一个优势来利用。

等店铺的客户多了,楞楞作为店主,就没有这样的时间条件去关怀客户了。可见,销售的每个阶段都会遇到相对的困难与挑战,优势也会与之共存。关键在于,你是否能发现优势并最大化地利用优势。

其次,楞楞的成功在于他了解准客户的心理。店面小、购物门槛低,客户也因此产生了不信任感。

如何给予客户购物的安全感,就成了楞楞首要解决的问题。楞楞提出的购物政策,正好能打消客户心中的顾虑。虽是常见的"试用"策略,但楞楞能引入自己的店铺做尝试,也是一种自我突破。

这不仅要求楞楞对于自己的产品与服务信心十足,也要求楞楞在接待客户时,对于客户的素质能够有较为准确的评估。

风险虽然存在,但开店最重要的是先把资源盘活,楞楞在这一步上走对了。

对于客户来说,尤其是老年人群体,他们真正在意的是内心情感的满足,这远远超越外界的物质。

在教授需要更多地了解电脑操作时,楞楞提供了服务;当教授家灯坏了，老人不敢爬高换灯泡时，楞楞的出现解决了教授夫妻二人的现实性困难。对于教授来说，此时楞楞不单是个卖电脑的，更像是个能够帮助自己的邻居——一个热情真诚的好小伙。

当客户对你产生了良好的印象，并且接受过你的帮助后，人的本能会想寻求机会给予帮助者报答或回馈。正如此案例中，提前付尾款的想法就会自动出现在教授的大脑中。

心理学小贴士

互惠原则

销售工作中存在互惠原则，这是一种集体潜意识，即被社会所认可、大家共有的一种经验。

我们的文化中提倡受人恩惠，理应报答。古语就有"受人滴水之恩，当涌泉相报"一说。当人们去报答曾经帮助过自己的人时，社会大众会认可这种知恩图报的行为。但如果认为他人帮自己是理所应当的，那么这样的人就会受到社会大众的唾弃。

销售员为顾客提供了一项帮助之后，客户在意识层面上会对销售员产生好感。而在客户的潜意识层面，他会生出一种想要报答的意愿。从成交的角度来说，这点对销售员非常有利。

此外，赠人玫瑰，手留余香，助人的确为快乐之本。因为我们在给予他人帮助时，能够极佳地体验到自我价值，同时对方回馈给我们的积极情绪，也是非常能滋养心灵的。

◆ **案例延伸**

如何建立与客户的信任感，感兴趣的读者请扫描二维码收听。

◎ **本节思考**

(1) 这个案例对你是否有所启发?请你闭上眼睛,想象自己拥有一家创业店铺,看着门外人来人往的潜在客户,你会选择使用什么样的营销策略呢?

(2) 抓住你脑海中的第一反应,并将它记录下来,然后反复练习。

第三节 唤醒客户的积极情绪

销售成功的一大关键点是,使消费者产生积极的情绪。也就是说,销售员在推销商品的过程中,要使客户产生一种愉悦的内心体验,如喜欢、满足、快乐等。要实现上述关键点,销售员需要掌握以下几个能够促使客户产生积极情绪的技巧。

案例分享

《情商》一书中讲过一个故事。一架从纽约飞往底特律的飞机延误了将近两个小时,飞机上的乘客似乎格外焦躁,因为其中大部分都是商人,他们的时间可以说是用"秒"计算的。

终于到了底特律,可是降落跑道又出了问题,飞机被迫停在距离通道口300米的地方。这时很多乘客都站了起来,焦躁情绪即将要爆发。

一位很有经验的空姐走了过来,她没有硬生生地宣布航空条例,因为她很清楚,这些乘客已经十分不耐烦了,如果命令他们回到座位上,很可能引发不愉快。

这时,一个淘气的小男孩模仿大人的样子在过道上走来走去,空姐用哼唱的语调说道:"嘿,小家伙,你怎么还站着呢?"

众人哄堂大笑,随即意识到自己应该回到座位上。

● 案例解读

这位空姐超高的情商,更细致的表述应该叫作思想与感觉的结合,我们称其为"情感能力"。

为什么说这位空姐的情感能力很高呢?实际上她完全可以播放预先录制好的电子语音,同样可以起到解释作用。乘客听到电子语音后,同样会坐回位子,但是对于焦躁情绪的改善是有限的。也就是说,当乘客走下飞机之后,并不会对这次飞行感到满意,但此时空姐用幽默的表述与行为方式,缓解了乘客的焦躁情绪。

【引发客户积极情绪的两个技巧】

1. 打造让人乐于接近的外表

每个人都具有一定的审美能力,而销售员需要接待形形色色的顾客,所以,在穿着打扮上不宜标新立异,可以选择整洁、大方、得体的装扮。穿着过于时尚或精致,会使一部分客户产生距离感;而穿着太随意,又会让一部分客户感到被轻视。

2. 善于运用非语言动作

在接触客户的时候,销售员可以使用非语言动作来使客户产生积极情绪,例如,甜美的微笑、亲切的微笑、愉悦的声音、热情的招呼等,这是我们在婴儿时期就会应用的语言。虽然随着年龄的增长,我们的情感逐渐内敛,但是,我们仍然可以多多练习并在适当的场合使用这门语言。

【使客户产生积极情绪的公式】

在推销过程中,我们要知道客户的提问中哪些是有价值的部分,然后结合一定的技巧与方法来开展销售工作,从而引导客户产生积极情绪。

有些销售人员对于客户的提问很不耐烦,因为他们已经有成熟的话术及近乎完美的商品卖点介绍,他们希望客户是一位好的听众,能够听他们将产品的所有优点都讲述一遍。其实销售员说得少,客户说得多,这样才更有利于销售工作。其中的原理我已经讲过,这次我们主要介绍如何利用客户提问引导客户产生积极情绪,从而促成客户买单。

这里需要用到的公式是,关心点 + 恭维点。

例如,当客户问你某个商品的价格是多少时,作为面对客户的销售员,你会如何套用上述情绪公式呢?

案例分享

客户:"你这东西卖多少钱?"

销售员小王回答道:"这件商品的价格是 800 元。"

客户听到价格之后努了努嘴,嘀咕了一句:"价格有点高。"

于是小王亲切地回应道:"一看您就非常会挑选东西,看重性价比。的确,价格高是很多顾客都会顾虑的一个问题,不过您可以看看这件商品到底好在哪里。"

客户有些好奇地问:"好在哪里?"

销售员小王指着商品说:"您看我们家的养生壶,是不是和别人家的不一样?"

客户凑近看了看,笑了一声说:"我看都一样,有什么不同的?"

销售员小王抬起壶身,对着光跟客户说:"您看,壶身是不是全玻璃的?我们这个养生壶最适合懂得保养的客户。玻璃壶煮茶,即使在高温下也不会析出对人体有害的物质。市场上的养生壶,大多是以拼接底为主,不是用高分子塑料拼接玻璃的,就是用不锈钢拼接的。"

销售员小王将养生壶递给客户:"您瞧瞧,是不是晶莹剔透,自成一体的。养生就是为了健康嘛,就这一体成型的工艺,还有这造型,用它来品茶,心情都更好了。"

客户说:"那倒是。现在都是用钱买健康。东西贵是贵点,但用着放心。"

销售员小王:"是呀,我家就是专注于为您这样懂养生、有品位的客户设计产品的。您看多适合,给您来一个?"

客户:"那好,我就买个回去用用。"

● 案例解读

我们来看一下,在这个案例中,小王是怎么套用公式"关心点+恭维点"的。

首先,从客户的提问中我们已经获取到了第一部分:顾客的关心点——价格。对于这个关心点,我们往往需要追加一句恭维。

就像销售员小王,他对客户的恭维点是:"一看您就非常会挑选东西,看中性价比。的确,价格高是很多顾客都会顾虑的一个问题。"这句话不但恭维了客户,后半句话还认同了客户认为价格高的合理性,让客户感到销售员能够很好地理解他。

其次,针对客户所关心的问题,销售员小王顺势将客户的注意力拉到了商品的卖点上:"您可以看看这件商品到底好在哪里。"

客户在小王这里得到了对关心点的认同及恭维,已经产生了积极的情绪,同时也给小王留下了继续推销的机会。如果小王没有对客户的关心点进行回应,也没有恭维客户,那么大多数情况下,客户看看就走开了,或者会婉拒小王的后续推销。

我们常用七情六欲来形容人的情感活动,可见情绪在我们的心理活动中是时刻存在的。同理，在销售商品的过程中，销售员只要让客户高兴了，大多数客户都会买单，毕竟能够始终如一地保持理性消费的客户是少之又少的。

销售是一种复杂的心理活动，集合了左脑的逻辑思维与右脑的感情活动，心理学在销售中的应用无处不在。多学一点，多赚一些！

◎ **本节思考**

练习运用客户情绪公式，找出较容易套用公式的客户类型和群体。

第四节 情感反馈：跟客户"谈恋爱"

招揽客户的好方法都是从切合客户心理需要的角度出发的。在将客流导入之后，销售员要如何做才能让自己的业绩再提升一个档次呢？或者说，如何带领销售团队创造业绩新高呢？我们可以尝试营造客户的"情感反馈"。

人的大脑中与情绪有关的核心区域有"杏仁核"与"海马体"。这部分组织负责记忆的保存，而且是根据情感反馈的强烈程度区分保存的，有大量或强烈情感反馈的记忆会被更好地保存起来。如果你想把自己的客户发展成忠实的老用户，那么当客户第一次光顾的时候，就要给予客户更多的情感反馈。

试想一下，陷入爱河的人会付出怎样的情感？销售员在面对客户的时候，要像谈恋爱一样，让客户形成强烈的情感反馈，这样更容易抓住客户的心，也是更高阶的销售技巧。

案例分享

某日，药店老板迎来了一位买感冒药的客户。

老板礼节性地微笑后，看了看他的脸色，听了他的声音，觉得其症状还没到需要服用药物的程度。当然，如果客户的需求是买药，那么老板也大可卖一盒药给客户。

但是这位老板并没那么做，而是露出亲切的微笑，十分关切地跟客户说："您现在的情况只要休息休息，多喝水就可以了。服药的话，毕竟对身体有一定刺激。"

客户一听，觉得有些诧异，很少有老板放着生意不做。但是听到老板关心自己，客户不由觉得老板这个人很善良，很实诚，也就难免会跟老板多聊几句。"我的身体就是这样，每到换季的时候，就会轻度感冒，虽然不严重，但也挺让人难受的。"

老板了然地点点头说道："这可能是跟身体素质有关系，与其买药吃，还不如买点营养品，身体素质提高了，自然会更加健康。"之后，老板露出了鼓励式的微笑。

于是客户乐滋滋地买了营养品回去。

案例解读

在这个案例中，老板对客户说的一番话接近家人的关心话语，让客户产生了情感上的关联与反馈，自然对老板产生了亲近感。而且情感反馈会被大脑所保存，相信这个客户以后如果还需要买营养品、药品，多半会选择继续光顾这位老板的药店。

除了对客户表示关心之外，微笑也是一种感染力极强的"武器"。微笑能够启动大脑的奖励机制，其效果能超越公认的开心配方：巧克力。

你知道微笑的能量有多大吗？它能生成相当于2000块巧克力所产生的脑部刺激。日本保险推销之神原一平在家中对着镜子练习出38种微笑，从中发现了自己最友好、最自然的微笑。在面对不同客户、不同情境时，原一平还能选择性地给出恰到好处的微笑。

就像上述案例中的药店老板，只要有顾客进门，这位老板就以最宜人的微笑予以接待。当客户接受微笑时，大脑"杏仁核"就开始进行工作，并产生情感反馈——大多数客户会对老板的微笑予以友好回应。微笑让老板在客户眼中变得更亲切，更友好。

本案例中，老板用到了"三层递进微笑"：礼节性的微笑（社交距离远）、亲切的微笑（社交距离中）、鼓励式的微笑（社交距离近），在不断递进的微笑中，老板与客户的关系也逐渐拉近了。

同时，微笑能促使体内释放皮质醇、肾上腺素和多巴胺等激素，提高内啡肽，这些都是能改善心情的激素，而且能使人保持一个健康的血压值。

即使是看图片，我们也会对微笑的人产生更良好的印象。

总之，尽可能多地给予客户良好的情感反馈，你的成单概率就会大增。

◎ **本节思考**

（1）练习使用能够增进与客户之间亲近感的措辞技巧，并记录反馈效果好的句式。

（2）你是如何看待药店老板在第一销售环节"劝诫"客户不要购买产品的举动的？

第五节 快速拉近与客户的心理距离

越是高质量的客户，日常听到的赞美越多，所以，如果你在推销时重复了对方经常听到的赞美之语，那么对方除了麻木之外，还会觉得厌烦。这种刻意的讨好是很难被客户所接受的。

其实赞美就像我们选择食物一样，每个人的口味与喜好不同，赞美也要"看人下菜"。

什么样的赞美才是有效的赞美呢？那要看你这句赞美说出口之后，它是否能让客户从心底接受并由衷地产生愉悦的心情。只要客户高兴了，你们之间的心理距离就更近了。

因此，销售员在接触客户的时候，要做到有的放矢。如果不知道应该怎样赞美客户，那么宁可不说。当你的赞美太过浮于表面，便只能显得你太刻意，这会让客户对你更加戒备。

假设你今天要去拜访一位商户老板。因为是下午，商户老板的孩子已经放学，正在店铺中写作业。身在这一场景中的你会说些什么话来拉近与商户老板的心理距离呢？

选择一：你的孩子已经这么大了呀！真乖，自己写作业。

选择二：你的孩子长得真俊，一定很乖巧吧。

选择三：小朋友，要不要哥哥来教你做作业呀？

你觉得哪一种更接近你选择的方向呢？

美国心理学家威廉·詹姆斯曾经说过："人类本质里最深远的驱动力是，希望看到自己在这个世界中的重要性，他人的赞美是人类心灵深处最渴望得到的。"如果你想赞美对方，那么这个赞美的点一定要是你发自内心的，这样说出来后才会得到对方的共鸣。

人与人之间的沟通就像是搭建起一座心灵沟通之桥。回过头再看前面那 3 种选择，它们都是浮于表面的，不需要跟老板做任何沟通，这样的赞美必定是流于形式的，老板听了也不会产生共鸣。

如果你走过去跟老板沟通，却发现老板没太在意你所说的内容，这时候你打算怎么做呢？

你可以观察老板，看老板现在的注意力放在哪里。假设老板把更多的注意力放在了手机上，你用余光一瞟，看到老板正在点外卖。或许你会有些好奇，虽然是下午，但还没有到吃晚饭的时候，老板这就准备点晚餐了？你可以把这个问题抛给老板。

案例分享

老板笑了笑说："等下孩子要邀请同学一起过来讨论作业，早点下单，到时候小朋友们可以有得吃。"

此时你收获到了更多的信息，就可以对老板进行赞美："还是您这样的家长想得周到啊（赞美），现在的孩子，都亏待不得（认同并引发对方的共鸣）。"

"可不是嘛，就爱吃肯德基、麦当劳，阿姨烧的饭他们都不爱吃。"至此，你就重新获得了老板的注意力，你们之间也开始了对话。

案例解读

一个好的赞美能让客户获得满足感，客户会在心理上形成一种开放的需求状态，愿意接收你所发出的更多的信息，这样的状态是适合做销售引导的。

◎ **本节思考**

为自己建立"赞美"语库，并不断在销售实践中找到能引起客户群体共鸣的赞美语的共性。

第六节 异议处理三步法

在日常销售工作中，每位销售员都会遇到客户提出的异议。销售员的性格与沟通特质不同，遇到的客户异议会不尽相同，对客户异议的处理风格也各有差异。

如果销售员善于回顾自己接待客户的过程并不断地进行总结，那么销售技能的提升会非常迅速。

案例分享

早教中心来了一对夫妻要给孩子退课，他们购买的学习卡还没有开卡，属于可全额退费的类型。

退费对于销售员来说很受打击，因为到了口袋里的钱，要被硬生生掏出来。所以，如何处理客户异议，打消客户的退费意向，是每位销售员都渴望学习与掌握的。

客户退费原因：没时间陪孩子来上课。

销售员："爸爸常出差，没有时间，妈妈可以带孩子来呀。"

妈妈："我也有事情的，不能每次都陪着来。"

销售员："那外公、外婆、爷爷、奶奶呢？"

妈妈："他们年纪大了，带不动小孩子了。"

爸爸："我们今天来就是退卡的，你不需要再说别的了。"

销售员："退卡的话，我们要了解一下原因的，而且退卡还要扣除手续费。"

爸爸转头跟妈妈讲："我就跟你说过，不要在外面随便办卡。你看办卡快，要退卡就难了。"

妈妈有些激动地对销售员说："手续费扣多少？我跟你们说，你们不要乱扣费，否则我会去消协投诉你们的。"

销售员："你们稍等下，我让店长过来处理下。"

店长："两位好，我听销售员说了大致情况。我们开店肯定是要服务好客户，不论是办卡还是要退费，我们都要服务好。"

爸爸："那你就快点给我们退，我们等下还有事。"

店长："好的，我现在就帮你们走流程。我登记一下信息，您要退卡的原因是什么？"

妈妈："没那么多时间陪孩子来上课。"

店长："嗯，理解理解。我们这儿挺多家长都遇到过这样的问题。孩子呢？"

父母回过头，看到孩子正在中心的游乐区和其他小朋友玩。

店长："噢，您家孩子挺活泼的，这么快就跟小伙伴们打成一片了。我们这里有的孩子特别内向，但待了一段时间，也能跟其他小朋友玩开了，因为有我们老师带着。当时的办卡人是妈妈，对吗？"

妈妈："对。当时我觉得你们的课程还行，就办了。回去考虑了一下，觉得没那么多时间陪孩子来上课。"

店长："妈妈当时决定办卡，肯定是有原因的。能看中一家适合孩子上课的地方，也挺不容易的。"

妈妈："我是觉得还行，但是他爸爸这周又要出差了。家里人都帮不上忙，我每周都带孩子来上课，太累了。"

店长："是，其实带孩子是最累的了。这还不是最累的，培养孩子品质才是最累的。孩子在集体中，可以跟同年龄段的孩子学习，去模仿积极的行为。但如果在家里，孩子就缺失了这样学习的机会。家长都希望孩子懂事，长大了能体谅父母，甚至还能帮助父母减轻负担。你想，现在正是培养孩子学习习惯的好时机。如果现在没有培养好，到了小学，一个班那么多学生就靠班主任管，能管得过来吗？根本无暇顾及孩子的品行培养。"

妈妈有些犹豫地看了孩子他爸一眼。

店长继续说:"到时候孩子学习成绩跟不上,比别的同学差,心里肯定会有落差。那时候父母再想去纠正,就很难了。孩子读书吃力,会更不爱学习,甚至还会影响到孩子的自信心。"

妈妈跟爸爸说:"要不我们先试试吧。反正这次我们办的卡课次不多,先看看效果。"

● 案例解读

只要不是采取恶劣手段成交的单子,销售员都要有信心说服对方不退费。因为当初客户能被打动,必定存在内部的消费需求。

针对上述案例,销售员要做的是,进一步唤起客户的消费需求,并予以强化,而不是针对客户提出的退费原因展开讨论。因为客户可以有很多个退费理由,销售员越是让客户罗列更多的退费理由,客户对销售员的反感度就越高。一旦客户对销售员产生了反感,那么无论销售员再说什么,都会引起质疑与防御。

就像案例中销售员一开始的做法,便引起了客户的防御心理,客户甚至试图以"消协投诉"来震慑销售员。

店长的成功之处在于顺势而为,先通过同意办理退费来降低客户的防御心理。然后通过问询捕捉客户的内在消费需求,并予以夸大。此时店长唤起了家长对于孩子未来教育的恐惧与焦虑。为了避免这样的担心会真的发生,家长打消了退费的念头,选择开卡消费。

当然,如果客户坚持要求退费,为了门店的口碑与长期发展,还是应当尊重客户的决定的。只要客户感觉到你这个商家是有诚信的,即使这次没有成交,未来也还有可能成为你的客户,或者为你带来其他客户。

为了更好地处理客户异议，你需要善于总结经验并不断实践，具体方法可以按照下面的 3 步进行。

1. 每天收集并记录客户提出的异议

销售员能吸引到客户，必定是因为身上具有某种特质。有的销售员会认为是因为自己外表沉着稳重，有的则认为是因为自己的专业态度。

这些想法都是正确的，因为客户不会选择与自己气场不合、第一眼就看不对路的销售员。不论是哪种观点，销售员要做到的就是留住这些被自己吸引的客户，并实现转化成单。而信息收集就是前期准备工作中重要的一环，也是销售成功的关键。

你需要从客户提供的这些异议中分析、判断他们在喜欢你的前提下，还有什么因素会妨碍他们做出消费决定。

2. 把每天收集到的异议进行归类、汇总

你的营销话术不会有太大的变化，因为人们总是会受惯性思维的影响。当你的营销话术成熟且运用得当之后，就很少再发生变化了。而如果你近期收到的最多的异议有很多相似点，你就要回过头来推敲自己的营销话术，并对营销话术进行优化。

3. 思考讨论，找到最佳应答语

一个人的思考毕竟有局限性，如果能得到经验丰富的智者的点拨，就能少走很多弯路。你可以找一些业绩好的且从业时间较长的销售员，一起讨论具体的营销话术，看看他们是如何处理客户异议的。

例如，客户提出得最多的往往是价格异议，这时候有哪些合适的应答语呢？

有些经验尚浅的销售员往往会给出这样的说辞：产品贵有贵的道理。而经验丰富的销售员的应答就显得技巧性更强。

（1）以小掩大。例如，一手房买卖，上海的楼盘总价报出来是有些吓人的，但精明的销售员报的往往是单价，这样做的目的是给客户一个心理缓冲。

（2）使用比较法。依然以房地产一手房买卖为例，如果客户还是嫌楼盘总价高，那么经验丰富的销售员不会硬从价格这个话题去切，而是会带客户去看更好的房源，好东西客户自然分辨得出来。看过更好的房源，销售员就会跟客户说，这套房各方面都要比刚才那套好，但是价格也贵多了。

　　这时一般会出现比较戏剧化的结果，客户往往会加钱买更好的楼盘，哪怕这个楼盘的总价高得有些吓人，因为客户亲自感受到了不同价格所体现出的不同价值。

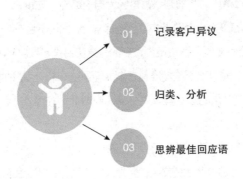

提升应对客户异议能力操练步骤

◎ **本节思考**

　　（1）在每天复盘处理异议的过程中，思考并寻找客户容易接受的营销话术。

　　（2）遇到同样的情况时，先使用之前总结的营销话术，然后再次记录反馈并调整营销话术。以此循环，不断精进营销话术。

第二章 销售高手的心态管理法

重新定义销售心态

穷人思维和富人思维

你对自我价值的定义将决定你的人生

那些受乞丐心理影响的销售员最后都过得如何

所有的顾虑都源于对订单的不确定

优秀的销售员从来不会输给情绪

"鸡血刺激法"真的有效果吗

作为销售员,你知道如何保护情绪吗

第一节 重新定义销售心态

有的销售员看到别人成交了大单,心中埋怨别人的运气比自己好,或者埋怨别人入行时间比自己长,比自己更有经验,等等。但实际上,只要你凡事做到极致,愿意努力拼搏,通常大单不会离你太远。

在这里我要插一句,想钓到大鱼,首先要对下竿的池塘有所了解,知道哪个区段是大鱼聚集的地方。也就是说,你要对自己的优质客户有一个目标范围的判断,这样才能使收网更有效率,使工作变得更轻松与便利。日本保险界的推销冠军原一平就是这样捕捉自己的"大鱼"的。

案例分享

原一平首先把自己的准客户定位到有车的客户,于是他就站在街边观察,发现一辆等绿灯的豪华轿车里坐着一位白头发的绅士。完成了目标定位之后,他开始通过车牌号码收集关于车主人的大量资料。

第一步,原一平打电话到监理所,通过这个车牌号码了解豪华轿车所属公司,然后直接打电话到该公司去了解车主人的姓名和职位。原来,坐在车里的那位白发绅士就是这家公司的董事长。

第二步,原一平通过手边常备的公司名录,详细地了解准客户的背景资料。例如,这位董事长的出生地、学习经历、个人兴趣、公司规模、经营项目、公司经营状况及住宅地址,并且获得了董事长经常参加的一个同乡会的重要线索。

做事高效的原一平打电话到同乡会的举办单位,了解了下一场同乡会的举办时间,以及董事长平时的为人处事风格等很多细节信息。原一平还坐车到这位董事长的住宅附近,从远处仔细观察了他的住宅状况,然后又到附近菜市场去了解董事长的饮食习惯。

通过以上步骤，原一平对这位准客户的基本情况可谓是了如指掌。他按照计划在同乡会上"偶遇"了这位董事长。

当人们遇到一位刚认识却谈得非常投机的人，通常会觉得跟他非常有缘，甚至觉得相见恨晚。意料之中，原一平如愿拿下了这一大单。

● 案例解读

原一平做了很多准备工作，下了很大的功夫，有人会问："万一不成功，那这功夫不都白费了吗？"没错，辛苦的付出的确不一定会得到等量的回报，因为中间有很多变数。但如果没有这份辛苦的付出，谁又会白白把大单送到你手中呢？

原一平所在的时代，互联网还不发达，而我们现在可以借助发达的互联网技术，使自己的工作更轻松、更便利。

◆ 案例延伸

想了解更多有关保险大师原一平的故事，可以扫描右面的二维码收听。

作为销售员，在接触客户之前，可以效仿原一平的方式，尽量多地收集与客户相关的信息，包括以下几个方面。

（1）客户公司的简介。通过简介，你可以了解到客户所在公司目前的规模与实力。

（2）客户的产品，包括技术参数、应用技术。这类信息有利于你寻找话题与客户接近。

（3）多接触圈子中的大咖。这些大咖在行业中有一定影响力，他们有更多的人脉资源，对于你来说是很好的行业引路人。但要谨慎使用这个资源，因为大咖在为你推荐客户时，实际上也为你提供着信誉担保。一旦你搞砸了，则很可能被大咖"封杀"。

面谈客户前的准备工作

当你做了准备工作并了解了客户后，进行商品推荐仍然会存在失败的可能性。因为每一次谈单就像跟客户谈恋爱，并不是每一段恋爱都能进入婚姻的殿堂。优质的客户就像"女神"，同一时间会有四五位热情的小伙在后面追逐。这个时候你就需要重新定义自己的销售心态，也就是要进行一次全面的心态调整。如果整天想着竞争对手的优势与自己的不足，那么肯定会影响到自己的工作信心。

只想着竞争对手的优势和自己的不足，是普通销售员经常会步入的一个陷阱，越是面对强而有力的竞争对手，他们越容易陷入负面的自我对话中。例如，认为对方的产品性价比高，对方的渠道推广力度优于自己。

遇到这样的情况，销售员应该如何调整自己的心态呢？主要可以从以下几个方面入手。

1. 不要自我否定

自我否定是销售员的大忌，例如，有些人看到店铺冷冷清清，就觉得今天肯定没生意了；有些人打了一上午的推销电话，都被拒绝了，下午索性放弃了……这些都是心态出了问题，是一种不成熟的表现。因此，销售员要学会积极思考，上午店里没人，也许下午就会宾客满堂；上午被客户拒绝，没准下午就能成单。总之，保持积极的态度是非常重要的，因为自我否定会让人的情绪变差，等遇到客户的时候，很难短时间内转变情绪。试想一下，哪个客户愿意跟一脸沮丧的销售员交谈呢？

2. 管理情绪

重新塑造心态，一定会涉及情绪管理能力。关于这方面的知识有很多，你可以学习一些适合自己的方法。真正的销售高手都非常善于控制自己的情绪，即便前一秒刚刚被领导痛批，下一秒面对客户时仍能像遇见故交一样，展现出自然、真诚的笑容。

3. 用专注忘掉杂念

任何人都会心生杂念，尤其是在做事不顺利的时候，各种负面情绪都会涌上心头。这时候你只要专注自己的工作，全身心投入到工作之中，把注意力放在客户身上，就能有效忘记杂念，从而降低消极心态的影响。

4. 每天设定一个小目标

每天设定一个目标并为之努力，你就没时间抱怨其他事情了。假设你是保险公司的出单员，无论金额大小，每天都逼自己出一单，这样你就会忙碌起来，不容易出现心态失衡等问题。需要记住一点，目标不要定得过高，否则会因为无法完成而产生沮丧情绪。

5. 为每一项任务设定最后期限

例如，你今天准备完成 3 件事，那么每一件事都要设定完成时间，这样就会给自己带来紧迫感，让你没时间胡思乱想。

6. 晨跑

对于大多数人来说，可能早起都不容易，更别说晨跑了。不可否认，能做到晨跑的人确实不多，但是能做到的这类人往往都是业界精英。晨跑不仅可以锻炼身体，还能活跃大脑，给人带来积极的情绪。如果你想成为少数人，那么不妨试着坚持一段时间，到时候你就能看到效果了。

◎ **本节思考**

（1）当你心态出现问题时都有哪些表现，记录下来。

（2）每次心态失衡时，试着寻找解决办法，并将行之有效的方法记录下来。

第二节 穷人思维和富人思维

假设学生时代的你所就读的大学距离自己家单程需要 4 个小时，因为路程遥远，你选择平日住校，周末回家，故每周日回校都要挤 21 路公交车。

这条公交线路是长途，班次间隔时间长，平时没什么乘客，运载高峰只出现在学生每周往返校时。

每到周日返校时间，除非你提早 3 个小时，在终点站上车，坐在车上默默等待发车。否则到发车点时，这车拥挤得连门都很难关上。

因为提早占位，单程耗时 7 个小时，于是你决定站着去学校。

当 21 路公交车经过长途颠簸终于在校园站点停靠，你活动着略有些发麻的手脚，看着校门口那些有私家车接送的同学，心里隐隐有些羡慕。

参加工作后，你每天需要挤地铁去上班。地铁站里有一则巨幅汽车销售广告："买了奔奔 007，从此告别挤地铁"，这句话刺痛了地铁上班族的心。若有别的选择，谁不愿意潇洒地开车上班而选择挤地铁呢？

你非常希望能够改变生活的现状。工作 2 年，吃住在家里，你手中有 5 万元积蓄。看前同事辞职做微商，现在轻轻松松月入过万，每天睡到自然醒。你心想着，要不自己也裸辞了，跟着前同事一起做微商？

但你转念又一想："没了工作就没了固定收入，万一微商没做成，到时候怎么办？这么裸辞，家人会同意吗？如果做微商失败了，自己还能找到和现在收入一样的工作吗？"

如果你有这样的疑虑，至此，穷人思维与富人思维的差距就出现了。

案例分享

曾经有一个穷人,每天都在哀叹命运不济。于是某日他找到佛祖哭诉:"佛祖啊,这个社会简直太不公平了,凭什么富人有钱又有闲,而像我这样的穷人每天工作那么久,干着最苦的活儿,拿着最低的工资,受尽人世艰辛?"

佛祖看着他,问道:"你觉得怎样才算公平?"

穷人说:"我认识一个富人,你让他变得和我一样穷,和我干同样的工作,我倒要看看会怎么样。"

佛祖答应了,将那个富人变成了穷人,并给了两个人每人一座煤山,让他们去挖煤,一年之内挖出来的煤都是他们自己的。

穷人是挖煤出身,做起来得心应手,每天都能挖满一车煤,转手卖了钱就去大吃一顿,非常得意。富人之前很少干体力活儿,所以一天下来挖不了多少煤,有时候卖煤的钱只够勉强糊口。富人省吃俭用,尽可能把剩余的钱存起来。

几个月过去了,穷人每天都在努力挖煤,脑子里想的都是晚上吃什么。至于富人,由于之前攒了一些钱,他跑到劳务市场雇了两个人帮他一起挖煤……

又过了几个月,穷人那座煤山只挖了一角,每天卖煤的钱都用来吃喝了,看着这么大一座煤山,穷人心里非常踏实,觉得自己很长一段时间都会衣食无忧。

再来看富人这边,雇的帮手越来越多,煤山已经所剩无几,富人自然也赚了不少钱,他用这些钱继续做生意,很快又成了富人。

穷人呢?结局不难想象。

案例解读

不同的思维模式,造就了不一样的人生境遇。思路决定出路,当你觉得日子一成不变,看不到未来时,不妨试着换个思路。

这个故事正是现实生活中穷人与富人的真实写照,如果不能改变思维方式,也就无法引发实质性的行动,那么你的人生格局也很难获得跃迁式的提升。

穷人和富人除了思维方式不同,还会有下面这些情况。

1. 穷人常受恐惧操纵,富人易被目标鼓舞

大部分穷人与富人的智商并没有太大差异,经济水平低的人,照样会有很好的创意和想法。差别在于,富人在想到一个可以给自己带来更多财富的点子时,通常会二话不说先行动起来。

先机即商机。成功掘到第一桶金之后,利用钱滚钱,财富就来得更快了。

而穷人在有了想法之后,想到的不是如何行动,而是万一失败了要怎么办,瞻前顾后中就错失了先机。此后,哪怕再入市,这商机瞬息万变,大部分财富已经被先行者赚走了。当然,敢于行动的人,至少还能再捞到一点财富。

观念决定命运

更多的穷人只会叹息自己没有资本,没有经济后盾,没办法跟那些富人相比,习惯性地怨天尤人。

一个人的自我观念,指的是他认为自己是什么样的人,他就会成为什么样的人。富人总是认为拼一回,搏一下,就能成功。于是,富人越富,穷人越穷。

2. 穷人易得意忘形,富人多涵养包容

在《甄嬛传》中我们可以看到,出身名门的甄嬛,即使受宠,仍保持着风范。而本为倚梅园宫女的余莺儿,因冒充在雪夜祈福的甄嬛而获得了面圣的机会,随

后因为擅长唱昆曲博得了皇上的欢心。受宠之后的余莺儿看不惯比她身份低的后宫女子，还欺凌了贴身伺候皇上的小太监。结果，这位小太监就是最后亲手送余莺儿上黄泉路的人。

富人总是留意身边的资源，哪怕是生意场上的敌手，见面也会留三分情面，说不定以后还有合作的机会。

越是富有的人，对待他人越是温和。因为富人看问题很透彻——钱可以帮他请来人才，却无法请到人心。如果在送钱的同时，奉上自己的真诚与耐心，那么人才便会更踏实地为他工作。

◎ **本节思考**

（1）思路决定出路，把你想到的也许能改变命运的点子都写出来。

（2）如果大脑中暂时没有浮现出答案，也不用着急，因为人的想法常常会受到思维定式的限制。要打破自己的思维定式，可以先从书中寻找容易引起你共鸣的元素或章节。随后找身边的良师益友进行讨论，碰撞新的灵感与火花。最后，将你的收获都写下来。这样既有益于自身的提高，也有益于维护人际关系。

第三节 你对自我价值的定义将决定你的人生

如果街头有位记者采访你，问"你是谁"，你会怎么回答呢？

这个问题看上去非常简单，但真正回答起来还真有点难度，因为这是一个关于自我定义的问题。你会如何定义自己呢？

> **案例分享**

关于记者的上述采访，西装革履、看上去颇有气派的尤先生，春风得意地回答道："我是一名企业高管，在美资物流公司担任大客户经理。月薪不高，税后 2.5 万元。"他说完还不忘用手捋了捋自己那已被发蜡定型的大背头，得意得很。

尤先生在这家美资企业工作了 20 多年，从当初一名办事处的小职员到今天的企业高管，他付出了很多。企业高管的身份似乎是尤先生的全部。

对于"你是谁"的问题，尤先生是以自己的职业来定义的。

今年尤先生被诊断出患有肝癌之后，他任职的企业立马翻脸，将尤先生的月薪降为 1200 元，低于最低工资保障线。

癌症是一种"烧钱"的疾病，公司的变脸让正处于用钱关口的尤先生很崩溃。此时的尤先生对公司来讲就是一个包袱，一个负担，连最普通的员工都不如，公司恨不能直接将尤先生开除。

可见，如果你把职业当作身份，那么当你的职业境遇变了，你就不再是你了。

镜头转向另一位面带倦意的女士，这位女士对于"你是谁"的回答是："我是个从小就苦命的人。"

镜头中的苦命人——王女士双颊消瘦、眉眼耷拉。30 岁出头的她，已略微露出了暮年的腐朽之态。

王女士回忆道："我从小就被寄养在亲戚家。爸爸工作好，但是经常被外派，妈妈不放心爸爸，于是他们一起去了外地。虽然爸爸每个月都会给亲戚家汇钱，但我从小就没有感受过家的温暖。亲戚总是嫌照顾我麻烦，时常冷眼相待。"

在记者鼓励的眼神下，王女士继续说道："为了给自己一个家，成年后我就找了个男人嫁了。本来以为有了自己的家后生活会不一样，结果还是那样。家里冷冰冰的，男人对我也不好。本来想要个孩子，但一直没怀上。男人对我的态度更不如从前了，还刺激我说，'孩子生不出来，连饭也不会烧了？'"

王女士的脸因为愤怒而有些发红："我男人的这句话像冰锥一样扎在我心口。

我回了娘家，但是跟我父母始终有种生疏感。我有自己的家，我也能回父母家，但我总体会不到家的感觉。"

● 案例解读

我们来分析下，案例中的尤先生和王女士在自我定义上存在哪些情况。

尤先生在当下的职位中，感受到了强烈的优越感。在这种优越感的滤镜下，尤先生对自己的定义超出了个人的现实能力范围，没有看清他的大部分资源都是公司平台赋予的。现在平台能抽调给你的资源，将来也能把资源划拨给别人。

而王女士将自己禁锢在童年的那段灰色记忆中。这样的身份定义会操纵王女士的一生。从她的婚姻到她之后的人生，都与她的童年一样灰冷。

其实，你看待自己的角度便决定了你是谁；而"你是谁"这个问题的答案，决定了你的人生质量。

我们每个人都有3个"我"，分别是：

（1）童年的"我"；

（2）现在的"我"；

（3）未来的"我"。

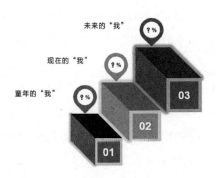

你更关注哪个"我"

每一个"我"都有多种侧面,关键在于你从哪个侧面去定义。

1. 童年的"我"

王女士被"童年的'我'"所缠绕,似乎已经习惯了把自己置于被厌弃的角色。不断地重复上演幼时的创伤情境(心理学上称之为强迫性重复),使得王女士没有机会感受人生的幸福。

2. 现在的"我"

尤先生只关注"现在的'我'",他习惯了享受当企业高管、备受重用且不愁钱的生活。当他遭遇人生危机后,这种断崖式的变动让他无力负荷,只能在身心的双重打击下艰难生活。

也就是说,如果你将快乐放在外部,那么一旦能令你快乐的情景或事物不在了,你的快乐也将逝去。就像尤先生,他将自我定义全部归结到他的工作岗位上,那么当他失去了高管职务,他的快乐之源就枯竭了。

如果你具备了自主发现快乐、创造快乐的能力,那么这份快乐是谁都夺不走的。王女士幼年的遭遇令人同情,同时,小时候的成长经历使她失去了自主发现快乐、创造快乐的能力,这也是她成年后境遇不佳的一大原因。

如果一个人一直沉浸在悲观情绪中,就会逐渐出现抑郁倾向。一旦发展为抑郁症,那就好比失去了感受快乐的能力。不过好在自主发现快乐、创造快乐的能力是可以后天学习和训练的。类似王女士这样的情况,可以寻求心理咨询师的帮助。在心理咨询师的引导和陪伴下,探索童年的"我"有哪些内在的快乐可以挖掘。

这种探索类似于掘金之旅,将童年被深埋在黑色记忆中的快乐金子一块一块挖出来,并擦拭金子,使它散发出快乐的光芒,照亮、温暖童年的记忆。

3. 未来的"我"

心理咨询师的作用就是配合王女士一起寻找童年被深藏的快乐,给予王女士支持与鼓励,将快乐金子采集起来。学习享受这种发现快乐的能力,感受这种快乐。这就是一种学习内在快乐的方式,它是一种可以后天习得的能力。

作为销售员,过去的你可能并不富有,甚至十分贫穷;现在的你过得并不轻松;

而将来的你会如何,就看你是否具备为自己创造快乐的能力了。

当你具备了这种自我创造快乐的能力后,你的工作状态会提升数倍。你能够更好地代谢工作所带来的压力,同时可以将这些压力与紧张转化为你朝着业绩目标奋进的动力。

◎ 本节思考

目前的你正处于哪个阶段?童年的"我"、现在的"我",还是未来的"我"?

第四节 那些受乞丐心理影响的销售员最后都过得如何

被乞丐心理影响的销售员最后都过得怎么样呢?答案是不言自明的,我相信你在职场中也看到过不少例子。

案例分享

有一个故事,讲的是一对乞丐夫妻,每天都会蹲在街边乞食,打量从街边路过的人,从路人的衣着打扮来判断是否会给他们吃食。

有一次,一位临街的有钱人路过,丈夫连忙紧随其后。但不论乞丐如何讨好富人,向富人诉说自己的日子有多难熬,诉说自己跟妻子就快要饿死了……富人都不为所动。

乞丐失落地回到了街头蹲点。夫妻二人实在饿得不行,只能就地拔一些青草果腹。那位富人正好在返程时看到了这一幕,然后若有所思地走了。

第二天，富人主动找到已经饿得有气无力的乞丐，邀请乞丐去他家。乞丐高兴地撑起一口气飞奔向妻子，兴高采烈地催促妻子道："老婆，你快点，那个有钱人邀请我们去他家吃饭，我们终于能饱餐一顿了。"妻子听后，连忙跟着乞丐一起去了富人家。

到了富人家之后，富人将夫妻二人带到了他的花园，说："我的除草机坏了，昨天我看到你们在吃草。我的花园里有很多杂草，你们需要多久才能吃完？"

● 案例解读

故事虽有些夸张，但你仔细品味这则故事的话，还是很有意思的。

故事中的乞丐有销售员的影子，而富人就是客户。在销售过程中，情感型的客户很容易被销售员的说辞和故事打动。例如，有些销售员会请求客户帮忙冲一下本月业绩，否则自己这个月的奖金就要泡汤了。此时，客户会同情销售员，从而配合成单。

但销售员不能期盼每一位客户都这样有人情味，都这样容易被销售说辞打动。很多客户属于理性的逻辑型消费者，对于这类客户，如果他们没有看到销售员的价值（或推销的商品的价值），一般都会快速离开，不会在销售员身上投注更多的时间。

所以，做销售工作，一定不要被乞丐心理给带偏了。讨好客户并不是百试百灵的招数，有时甚至会让你做无用功，白白辛苦。

有人说，销售员是看脸吃饭的工作，把客户哄高兴了，客户才会赏脸买几样产品，所以销售员对待客户应该笑脸相迎、鞠躬尽瘁。经验丰富的销售员自然深谙其中的道理，但苦了那些经验尚浅的销售员，凡事只学了三分，结果被带偏了。如何让自己再走回销售的光明大道呢？

从工作原理上来说，销售员与企业管理者存在相似之处，那就是工作状态受到思维与情绪的主导。你的思维会带动你的情绪，而你的情绪又会反过来影响你的思维。

在销售场景中，客户并不知道商品的真实价格，他们只是根据种种信息、线索来判断这个价格是否合理。这是客户的主观感受。销售员要做的就如同某品牌的广告语：你值得拥有。不仅要让客户相信你推荐的商品值得信赖，还要让客户相信这个商品正是他所需要的。

我们一般会接受权威角色给我们的推荐，例如，技术专家推荐的方案、外科主任推荐的手术方案，但我们不会采纳乞丐告诉我们的方法。技术专家或外科主任说话时的状态都不会如乞丐般唯唯诺诺、诚惶诚恐。

所以，要让客户产生"这个商品我值得拥有"的主观感受，做商品推荐时的思维与情绪就显得格外重要。

1. 不要让乞丐心理影响了你的销售表现

销售员常常把客户视为衣食父母，的确，客户是否买单决定着销售员下个月是大口吃肉还是喝稀粥，毕竟现在粥店卖的粥也不便宜，所以，销售人员在拜访客户的时候就容易背负压力，甚至面对客户时会过度谦卑，过分讨好。在整个销售过程中，销售员与客户的心理地位差距极大，这反而会影响客户对销售员信任感的建立。

销售员可以形象地把自己看作是披着销售外衣的产品专家，这就代表销售员是去帮助客户、服务客户的。从这一点来看，销售员跟客户的关系是互惠互利、双方平等的。

因此，销售员在拜访客户的时候要摆正自己的心态，这是首要前提。销售员可以为客户提供专业意见，并且是上门提供他所需要的产品，这为客户节省了很多时间与精力。销售员不但自己要清楚这一点，还需要通过自己的言谈举止让客户也意识到这一点。

2. 销售员要有自己强势的一面

这里所说的强势并不是让销售员去反驳客户提出的观点，任何人都不喜欢跟自己唱反调的人。而这里的强势是指销售员信任自己的产品，无论客户针对产品提出任何的质疑，销售员都要十分有底气地进行有针对性的解答，而不是回避或转移问题的焦点。

要做到这一点，销售员需要对产品非常了解，并且对于产品所涉及的业务模式、行业背景也需要有所了解，这样才可以向客户展示自己的专业性。这种专业的态度才能表达出你的强势，而这种强势可以让客户信赖你的专业能力，提高客户从你这购买产品的概率。

当然，从另外一个角度来说，要做到强势，需要有一定的硬件基础，就是你所销售的商品质量过关，你的确相信自己所推销的产品是值得被购买的。

很多销售员对自己推销的产品其实并不了解，甚至都看不上，这就会导致销售员很难做到强势。连自己都否定的东西是很难成功销售给别人的，由此可见，销售员选择平台也很重要。关于平台的选择，可以从以下3个方面考虑。

（1）平台需要是正规的，有自己的营销渠道，这样可以给销售员提供有效的客户销售线索。

（2）公司的产品在你看来是具有竞争力的，并且你对于这一个商品价格充满自信。

（3）所属行业是你熟悉的或者是你感兴趣的，你对行业背景越了解，产品销售成功的概率越高。

销售员选择平台的3个标准

◎ **本节思考**

（1）记录销售过程中自己不满意的表现。

（2）针对存在的问题着手寻找解决方案。

第五节 所有的顾虑都源于对订单的不确定

有的人扛住了工作压力，即使再难熬也会咬着牙坚持下去。今天没开单，就看明天；明天还是没开单，还有后天。只要坚持下去、不放弃，就一定会开单。人往往熬着熬着就成就了自己的"傲骨"，而那些没扛过去的人会就此沉寂。那么面对销售压力所造成的焦虑感，可以用什么方式扛过去呢？

案例分享

著名销售专家埃尔默·惠勒曾经被邀请分析一例不寻常的销售员案例。有一位销售员，无论推销什么商品，无论被分配到什么领域，都只能拿到5000美元的酬金。

因为这个销售员在小商品领域曾有不俗的销售业绩，所以公司给他分配了一种市场较大、前景较好的商品进行推销。但是第二年他拿到手的酬金和他在小商品领域推销时拿到的几乎一模一样，都是5000美元。

接下来的一年里，公司其他推销员的酬金都有所提高，唯独这名推销员仍然只挣5000美元。于是公司派他去推销最难推广的一种商品，但这次跟往常一样，他仍然只得到了5000美元酬金。

销售专家与这位销售员谈话之后，找到了症结所在。原来这位销售员一直处于焦虑之中，他认为自己每年只能挣5000美元，这已经是非常努力的结果了。

在这种焦虑的情绪状态下，他就会自我设限，所以即便公司分配给他比较畅销的产品，他也无法提高自己的收入。

作为销售员,我们要做的就是处理焦虑,打破自我设限。如何处理焦虑,打破自我设限呢?我们可以把焦点放在未来。

如果你感到自己非常失败,那是因为你把焦点放在了过去失败的事情上,这份失败感可能会让你颓废好几天。这段时间对于你来说一定不好受,并且在这段时间里,你很难有所提升、有所作为。

假设你和另一位销售员乐乐同期进入公司,资历和业绩表现都差不多。公司出于激励员工的考虑,办了一次业务竞赛,结果乐乐以一单险胜。没过多久,乐乐被提升为销售主管。

你是否会感到非常挫败呢?只是差了一单,这完全有可能是运气问题,结果自己还错失了升职的机会。

就此开始,或许你会看公司的任何政策都不顺眼,觉得不公正,慢慢地也就没心思攻单了。可想而知,公司是不会留一个没有开单能力、工作态度不佳的员工,你更不用指望升职了,连是否能留任都成了问题。

如何走出这样的负循环呢?较好的应对方法是,把焦点转移,放在未来。如果当下这件事得到的结果是失败的,那你要做的是,把精力的重心放在如何转变及事件的发展上。

你可以把这一次失败看作是过去经验的总结,使经验成为可以让人提升的阶梯。你输了乐乐一单,可能是因为运气,也可能是因为实力。那么未来随着在岗时间的增长,你手里积累的客户也会越来越多,只要好好经营,实力一定会加强。当时会输,是因为自己把焦点放在了输的那单上。如果你能转移焦点,把这次的打击转化为自我提升的推动力,就会实现更多的开单,以此来证明自己的实力。即使这次升职的机会被乐乐抢走了,只要你手上有越来越多的资源,总能获得升职加薪的机会,甚至连跳槽的筹码也会更有分量。

破除焦虑的3个方法

> **心理学小贴士** 自我设限是如何形成的
>
> 　　自我设限就像自己为自己量身定制了一个无形的牢笼，你再怎么努力也无法突破牢笼的高度与广度。
>
> 　　在外界看来，这个牢笼好似禁锢了你的发展，把你困在一个单一的空间里。但对于当事人来说，这个牢笼是他的安全之所。
>
> 　　从心理学角度来看，这是当事人为了防止因将来可能遭遇失败、打击而感到痛苦，于是设置了自我边界。只要不超出这个边界，当事人感觉就是安全的，不会遭受痛苦的失败与打击。
>
> 　　所以，要打破自我设限，就要有意识地推动自己走出"个人舒适区"。这或许会面临挑战，或许会遭遇失败，但只要你不断地打破自我设限，你就会一直进步，既往的经验会成为你的试错成本，为你将来的成功做铺垫。

◎ **本节思考**

（1）最近一次你因为什么原因（工作因素）陷入过负面情绪?

（2）试着转移焦点，避免消极情绪的干扰并记录感受。

第六节 优秀的销售员从来不会输给情绪

销售员是个高压力职业，因为保底薪资低，业绩压力大。再加上能否成单，除了要看销售员的个人能力高低外，还存在其他变数。

不排除有的销售员头脑活络，人际关系良好，成单轻松。但这样的销售员就像是宫廷剧里走到最后的女主，千万人里面才出那么一个厉害角色。而大部分的销售员就像小宫女一样，只能一步一步发展自己的资源。

对于销售员来说，要做到稳扎稳打，不被淘汰出局，有一点很重要，就是能够主宰自己的情绪。

案例分享

当你在向一名顾客介绍商品时，顾客频频点头，似乎很有购买意向。此时，一位路人凑上前"热情"地说："这东西我家买过，不实用。现在一直搁家里积灰呢。"

听到这样砸场子的话，你生气吗？

当你在展销会上，好不容易拉进来一对夫妻，开始向他们介绍商品。最初夫妻二人只是冲着小奖品来的，之后妻子开始感兴趣，但丈夫一直非常冷静地拒绝购买。你费了九牛二虎之力，花了 3 个小时才把客户谈下来。

你觉得付出还是有回报的，坚持到底一定能迎来胜利。在其他销售员羡慕的眼神下，你为客户开票。一切都是那么顺理成章，你拿出 POS 机，客户也亮出了他的银行卡。

结果，客户的卡内余额不足。销售情况反转了，银行卡的余额不足像是一盆冷水，浇凉了销售员的心，也浇醒了客户的头脑。即使销售员多次提议其他支付方式，甚至提出可以先借款给客户，但都被否决了，客户挥了挥衣袖，就此告别。

一上午的工夫打了水漂,你会不会很恼火?

我想大多人遇到这样的情况都会产生不愉快的感受,更何况是处于高压力下的销售员。但如果一直受到这种情绪的影响,你会整天都垂头丧气,逐渐陷入颓势的状态。

● 案例解读

销售没有成单,是很正常的事情。没有销售员能保证每次谈单都能成功,就像最好的狙击手也无法保证自己百发百中一样。因为这不单涉及你自身的表现,还包括客户方的各种情况,其间有很多可变因素是销售员无法控制的。

但如果你被一次谈单失败影响到了情绪,这股情绪会带动你的认知,让你对自己做出负性评价。例如,在积极情绪的带动下,你会鼓励自己:"没事,我只是运气不好,但我的努力终会为我带来好运,实现开单。"但如果是消极情绪,你的认知就会转变为:"又没开单,该死的客户,浪费我这么长时间。"

在消极的情绪与认知的影响下,你接待下一个客户的情绪状态与表现都会差强人意。

所以,作为销售员不怕一次谈单失败,最怕的是由于一次谈单失败而影响一整天乃至更长时间的工作状态。

如何做才能快速摆脱坏情绪呢?

1. 照镜子

当你处在坏情绪的笼罩下时,面部会呈现眉头紧锁、嘴角肌肉紧绷、面部整体线条下垂的样子。

所以,每当你觉得自己情绪不佳时,就可以去照照镜子,观察自己的表情。同时,用微笑的表情去替代原有垂头丧气的表情。你的情绪会改变你的表情,同样的,你的表情也能改变你的情绪,通过镜子中的影像,给自己积极的心理暗示。

当遭遇了销售反转后,可以先中断一会儿销售工作,让自己的情绪平复一下。然后采用照镜子的方法摆脱坏情绪,让自己充满电重新出发。

2. 运动

运动能刺激大脑分泌内啡肽。这种激素可以缓解你的压力,增强你的愉悦感。

很多销售团队早晨都会先跳一段热身舞。这既是一种仪式行为,可以让团队所有成员意识到一天的工作已经开始,要打起十二分的精神;又是一种团队活动,手舞足蹈伴随着节奏感强的音乐,可以使销售员的大脑分泌内啡肽,产生愉悦的心情。

当你感到情绪不佳、精神不振时,就可以做一些简单的身体舒展运动。例如,上班族对着电脑工作久了,会不自觉地伸个懒腰,打个哈欠,这是身体向我们发出的信号。

销售工作受挫是常见的事。所有令人感到挫败的事情,都会给人带来坏情绪。你可以选择做几个深呼吸、抬抬手、压压腿等来排解坏情绪。

3. 记录自己的情绪周期

人的情绪周期是 28 天。我们或许会发现自己每个月总有那么几天情绪低落,女生会归结为生理期的缘故,而男生就被人笑称为遭"大姨夫"探访。

实际上人的情绪就跟潮汐一样,是有周期的。在 28 天的情绪周期中,前半段时间为"涨潮期"。在此期间,人的情绪饱满、积极、抗压能力强。销售员可以把这段时间当作自己的开单黄金期。后半段时间为"退潮期"。此时人往往行动力低,不太容易提起精神,希望更多地给自己放松、享乐,容易对压力事件表现过激或回避压力。在此期间,销售员可以主要做客情维护的工作,稍稍给自己降低一些攻单压力。

涨潮期、退潮期二者过渡的那两三天,叫作"临界期"。此时人的情绪表现不稳定。而上文所列举的两个方式可以助你在这一期间,更多地保持涨潮期的情绪。

你可以记录一下自己的情绪周期,然后在适宜的阶段为自己安排销售工作。这样既能保证销售工作的高效,又能照顾到自己的情绪状态。

当你被坏情绪蒙上了双眼,你就成了情绪的奴隶;当你能够主宰自己的情绪,你会表现得更有自信与气魄。好情绪+自信+气魄,会让你的销售之路变成坦途。

三招提振你的心情

◎ 本节思考

(1)每次情绪失控时,记录下失控的原因。
(2)找到适合自己的情绪宣泄方法,并记录比较有效的3个。

第七节 "鸡血刺激法"真的有效果吗

销售既是具有挑战性的工作,也是重复性很高的工作。尤其是做电销,重复性的动作和话术更多。有什么方法可以让销售员在这些重复的工作中找到一条绿色通道呢？

"打鸡血"有时候确实是一种不错的方式，尤其适合销售从业者。销售这一行不仅辛苦，而且有时会很枯燥，如果不善于自我激励，那么可能很难坚持下去。

案例分享

女企业家董明发迹前，在一家健身房打工。当时她刚大学毕业，到健身房找了一份团操教练的工作，收入勉强够养活自己。但董明从小就很要强，从高中开始就自己赚钱付学费。到了大学，她不但勤工俭学，还热衷参与学校社团活动，一手组建了舞蹈社。

虽然在健身房当团操教练的工作很稳定，但董明的目标是在大城市立足，将父母接过来一起享福，单靠一份团操教练的收入是远远不够的。

为了这个目标，董明经常激励自己，逼着自己结识成功人士，从而像这些人一样思考，她相信自己一定有翻身的机会。

于是，董明就用信用卡透支的方式为自己报了"老板管理班"。这个高价培训班是专门为公司高管、创业人士开设的，教的都是经营之道。

董明报这个班，一是为了开阔眼界，提升心智，二是为了建立高质量的人脉。所以在课上，董明积极提问，凡是遇到自己有疑问的，都会请教老师。因为董明认为自己付了这份学费，不彻彻底底地学，便对不起这钱。

课后，董明还跟在座的同学交换联系方式，了解同学的身份。如果是老板，董明还会就课上讲到的一些问题，再请教他们。

这些都让在座的同学对董明印象深刻。结业之后，董明就从班里找到了自己的第一个投资人。随后几年间，董明的生意越做越顺，靠着自己的不断努力，她实现了人生的目标。

很多人觉得"打鸡血"的方式没用,都是骗人的,然而任何事情都有两面性。俗话说,人活一口气,尤其是身处绝境的时候,精神方面的自我激励也是很重要的。

销售员也好,其他行业的工作者也罢,如果你不是睁眼混日子的人,那么这种精神刺激法都会起到一定的作用。

销售行业属于高压高酬的行业,既然你想比别人赚更多钱,就需要比他人付出更多努力,所以,偶尔使用"鸡血刺激法"也能起到不错的效果。

下面介绍4种自我激励的方法。

1. 大声喊出目标

我曾经路过一家美发店,店长带着全店员工在门口喊口号、跳舞。当时我心里对那些员工是同情的,在大庭广众之下这么做,只能说讨生活的确不容易。

也许你并不认同销售部门每天晨会时"打鸡血"式地喊口号和舞动,但喊口号和舞动从心理学上来讲,对销售工作确实有帮助。如果你不信,可以做个试验。每天早上起床后,对着镜子对自己说"你会成功的"或"你注定失败"。

如果你连续一个月,都对着镜中的自己说"你注定失败",那么你的工作状态会变得萎靡不振,自信度大打折扣;如果你连续一个月,对着镜中的自己说"你会成功的",那么你一定能保持良好的精神面貌,自信满满。

每天喊口号其实也是一种仪式化的行为。通过这个仪式,重复并强化自己设定的目标,更有利于目标的实现。

2. 将目标业绩值在脑海中形成画面

通过语言来表达的内容,是经过意识加工的产物,而我们潜意识里蕴含的能量比意识更大。就跟电脑操作系统一样,你能看到的前端界面只是系统的一小部分,更多的后台运算就好比我们的潜意识。

我们的潜意识尤其偏爱图像，所以你可以尝试闭上眼睛，将自己想达成的业绩值以图片的形式浮现在脑海中。这就是跟潜意识做了交流。

你种下了什么，就会收获什么。当你的潜意识每天都接到这个目标指令后，它就会更好地推动你的意识行为去达成这个业绩目标。

3. 每天为自己复盘

当你已经明确地设定了自己的目标，并且领会了上述两种分别在意识层面与潜意识层面强化目标的方法之后，你可以做更为精细的自我提升训练。

销售是应用话术最多的岗位之一，而整个销售过程往往充满各种稍纵即逝的瞬间。这些瞬间可能是客户被你的某句话吸引或被调动起了兴趣，又或是你的一句话引得客户不悦。这些小瞬间如果当天不做记录，就很容易被遗忘。所以，你需要每天复盘，来发现并记录这些瞬间。

如果你的团队中有志同道合的好友，则更好。你们可以结对，每天下班后花半个小时的时间来讨论自己当天所用的话术中，哪些话对客户的反应普遍较好，哪些话对销售有阻碍作用，自己今天与昨天相比有哪些进步，等等。

在讨论的过程中，你与伙伴互相提供支持和帮助，也能共同成长与提高。

3个月后你再对比看看。坚持自我复盘的销售员和每天下班直接回家的销售员，他们的业绩表现差距会很明显。有时这种差距不仅体现在业绩表现上，还有可能体现在职务的变迁上。

4. 统计自己的销售数据并做数据分析

如果你所在的平台是家大公司，系统功能足够完备，你就要充分利用这个资源优势。固定一个周期，把自己的销售数据找出来并做分析。

通过数据能够更直观地看到你的周期性表现，推算出你的成交率（打多少个电话或拜访多少个客户可以成交一单），这样便于你能够分阶段地为自己制订工作目标。

拥有成功特质的人，不会被动等待上级来为自己设定指标，或等着上级来评价自己的工作表现。优秀的销售员更是如此，他们会主动为自己制订工作目标，保持成功的愿望。每一个优秀的销售员都不会等待他人来估价，而是通过自己的努力，不断提升自己的身价。

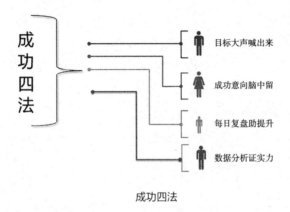

成功四法

◎ 本节思考

（1）每日复盘并记录客户反馈最好的话术。

（2）总结适合自己的激励方式，每天上班之前给自己打一针"鸡血"。

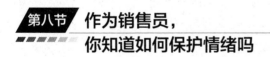

作为销售员，你知道如何保护情绪吗

如今各行各业的销售员，多多少少都会带点服务性质。如果服务不好客户，就谈不上让客户签单了。而服务又是极容易让人恼火的工作，这种情况下，销售员应该如何保持良好的情绪呢？

案例分享

我认识一位培训机构的老师,他每周就休息一天,到了下半个月甚至一天都不休息。这么算下来,平均一个月只能有两个休息日。就在这仅有的两个休息日里,这位老师还要私下给学生上课,而且是免费的。

看上去是一笔挺不划算的买卖,好不容易能休息,却还要去白做工。对此我表示不解,但这位老师轻松地回答道:"工作让我更充实,而且把学生服务好了,他们的家长会给我介绍更多的新学员。"

不知道这位老师独处时会有怎样的疲惫表现,但至少在人前他展示出了自己热血拼搏的精神,以及积极、正面的生活态度。

销售员工作压力大、节奏快,所以保持一个良好的情绪就显得非常重要了。那么,具体应该如何做呢?

1. 我能看到事件的两面性,但我更多地关注正面信息

每件事都存在正负面,就比如案例中提到的那位老师。从正面来看,他免费给孩子上课,能够充实业余生活,还有可能收获后续的学生报课,有利于完成自己每个月的业务指标。从负面来看,他的生活中似乎只有工作,失去了生活本该有的美好体验。

这种正反面都客观存在的情况下,为了更好地保护自己的情绪,我们可以有意识地更多地关注正面信息。

2. 积极情绪能稳定我的情绪

成功学大师安东尼·罗宾斯说过:"成功的秘诀在于懂得怎样控制痛苦与快乐这股力量,而不为这股力量所反制。如果你能做到这点,就能掌握住自己的人生,反之,你的人生就无法掌握。"

如何驾驭情绪的力量,这与我们的认知相关。当我们将注意力投入到积极情绪上,我们的认知也会朝着积极、正面的方向发展。当我们的情绪认知在工作期间都保持在稳定、积极的状态,我们就能良好地把控自己的工作情绪。

3. 迎接挑战是我工作的一部分

销售工作的挑战，贯穿于整个销售过程。这个过程在你与客户接触的瞬间，便开启了。这也就说明，你对客户的接待、答疑、推介等环节，都需要迎接挑战。

有的销售员仅仅把是否开单这最后一个环节看作是挑战，因此他只耐心服务于看上去会买单的客户。对于没有明显表现出购买意向客户的询问，他会产生不耐烦的情绪，会认为这些都是来试探行情的"水客"，不会在自己这里成单。

而实际上，很多销售机会需要靠自己去开发。此时，你要放下将客户定义为"水客"的想法，转而将当前客户作为一项挑战去攻克，即使无法当即成单，也把对方转化入你的客户池，作为你的资源。

4. 面对"刺头"客户，最好的反击是让他掏钱买单

在实体店的销售员，经常会遇到一些"检察官"和无聊人士，跑上来就说这个商品有质量问题，设计不合理，甚至还有人会跟你来讨论产品参数。有些销售员就会直接把这类客户给"怼怼"回去。

案例分享

我认识一位销售员，他是在某商场里销售抽油烟机的。他跟我说，做销售员已经做得厌烦了，尤其是应对那些"事儿主"。

什么是他所讨厌的"事儿主"呢？就是那种提问极多但最后不买，还给销售员脸色看的客户。

我问他："你这种状态持续多久了？"

他说："超过 3 个月了。现在一看到那种刻薄相的客户我就恼火。他来劲儿，我比他更来劲儿。"

"结果呢？你们谁赢了？"我感兴趣地问道。

他略带自豪地说："比嘴当然是我溜了。"

我调侃道："情绪上、口才上你是赢了。好情绪很重要，如果你能一直保持好情绪，那你的人生就成功了。"

他听到了话外之音，不解地问道："什么意思？"

我看他有继续听下去的意愿，就跟他说道："追债公司就喜欢像你这种抗压能力强、口才极佳的员工。再刁钻的客户，你这样的员工都能把他给'怼'了。但即使是追债公司，也是要看你实际为公司追回了多少款项的。'怼'客户，爽一时；没业绩，愁整月。你自己觉得呢？你是要把成功定位在打嘴仗上，还是定位在做业绩上呢？"

他有些不好意思地笑了，问道："那我还能怎么做呢？"

我告诉他："你这样的状态已超过3个月，就代表你'怼'客户的行为模式已经形成。人是习惯使用固有行为模式的。如果你要调整成功的定位，那么你的行为模式也要做调整。"

"怎么调整？"他急切地问道。

我有些好笑地回答道："你是一名'老'销售员了，还问我怎么做才能成单？我就给你支一个招，下次再遇到'事儿主'，不要用老模式。任何朝着促使客户买单的新行为模式，你都可以尝试。"

大半年后，我再遇到这名销售员时，他主动跟我说，有次他遇到一位女客人过来看产品。作为销售员，一看有客人来，自然很高兴地迎上去接待。哪知道这位客人一副欠多还少的嘴脸，居高临下地跟他说："我有个朋友就是买了你们品牌的机子，没多久就坏了，一点儿都不好用，早知道这样还不如买你们隔壁的那个牌子呢。"

他一听，心里一阵厌烦："你爱买哪家的就去哪家，真烦人。"但转念一想，赶走客人是一件再容易不过的事情了，谁都能做。想成为一个优秀的销售员，就需要搞定所有类型的客户。这位客人能够过来，并且跟销售员说与品牌相关的事情，这就说明是存在转化机会的。

销售员这么一想，情绪立马得到了转变，接待客户也不卑不亢。他向客户介绍了售后的联系方式，然后表示，如果客户有需要，自己在现场就可以帮助客户联系售后人员，并且顺势向客户介绍了产品的型号和功能。客户看到产品销售员能以这么专业的态度来处理异议，对于产品也很有信心，于是就下单了。这位销售员也顺利地实现了销售产品的目标。

这时销售员的情绪状态自然很好,既实现了业绩,也将自己应对客户的能力提升了一个档次。

积极情绪保持法

什么是正念

你认为蝴蝶美丽吗?

美丽:因为它的翅膀色彩斑斓,飞舞时飘然出彩。

不美丽:你看到的是蝴蝶的翅膀,而我看到的是蝴蝶的身躯,那就是一只恶心的虫子。

同一种生物,关注点不同,得到的结论会截然相反。

很多人认为,关注积极的一面就是正念,其实这并不完全对。正念还包括如下含义。

1. 不做过度引申

接受事实就好,不要在头脑中对这一事实做过度引申。例如,你已经一个月没有开单了,这是已经发生的事实,能够发现这个事实、面对这个事实就足够了。但如果你将这个事实做过度引申,那么便会阻碍你的发展。

什么是过度引申？例如，"我怎么会一个月都开不了一单呢？""难道我就不适合当销售？""我怎么什么都做不好？""我就是个'废柴'"。

2. 正念就是接纳

接纳已经发生的事实，因为过去的你无法改变，而当下才是你可以积极行动的。只要做好当下，你就可以改写未来。

◎ 本节思考

（1）面对"刺头"客户，你一般会怎么做？效果如何？

（2）你有哪些保持积极情绪的方法，罗列出比较管用的3个。

第三章 不懂心理学，怎么做销售

如何在30秒内快速搞定你的潜在客户
如何用心理学原理攻下买单犹豫的客户
遇到无法解决的问题时，销售人员应该怎么办
如何成功唤醒客户的购买欲望
客户拒绝背后的深层心理及转化方法
如何利用心理学知识建立销售认知
什么理由能让客户掏钱买单
要抓住客户的注意力，一定要懂点消费心理学
客户为什么购买你的产品
客户只是需要一个购买理由

第一节 如何在 30 秒内快速搞定你的潜在客户

良好的开始是成功的一半。在销售工作中，与客户交流的前 30 秒将决定你的销售结果。现在的客户都反感推销，如果你在 30 秒内无法引起客户的兴趣，那么客户将会衣袖都不挥地离你而去。

同时，销售心理研究表示，人在前 30 秒内获得的刺激信号，一般比之后的印象要深得多。也就是说，如果你能在前 30 秒内让客户对你的产品感兴趣，基本就等于你已经成功拿到了半张单子。

要如何有效抓住前 30 秒呢？你可以先问自己下列问题。

（1）我要表达的中心点是什么（产品最特别的地方）？

（2）客户能得到什么样的好处（身体健康、财富再积累、身份象征的提升）？

根据以上问题的答案，编制适合自己的营销 30 秒精华话术。客户是没有时间也没有兴趣跟你讨论过程的，他们更关心自己的利益和可以得到的好处。就像麦肯锡公司要求自己的每一位咨询顾问都能在 30 秒内说明自己的意图，并将方案推销给客户。

这个要求是不是觉得很有难度，压力很大？但这样做的效果的确让人满意。

案例分享

日本麦当劳前董事长藤田田曾接到一个来自美国的陌生电话："我们发明了一款游戏，如果您能采用，它可以在一年之内让您的销售业绩提升 16%。我们的收费是 10 万美元。如果您有兴趣，我们可以专程飞往日本向您介绍。"藤田田接受了拜访并购买了这款游戏。

在这个案例中,销售员用简单的语言阐明了藤田田可以获得的利益,以及相比之下显得微不足道的成本付出。显然,这个销售员成功地用 30 秒唤起了客户的兴趣,并最终成交。

世界行销大师杰·亚伯拉罕为一家课程机构写的广告推介是:"为什么有人会比自己成功十倍,收入多百倍乃至万倍,难道真是他们比自己聪明那么多倍,运气好那么多倍吗?显然不是。那么,你想不想知道他们是如何做到的?"

如果你看到了这本宣传册,你会不会产生兴趣并翻看后面的内容,看看里面说的到底是什么秘诀?答案是肯定的。

杰·亚伯拉罕巧妙地应用了未成功人士的不服气与渴望成功的心态,并吊起了这一客户群体的好奇心,成功地为后续的推销做了铺垫。

在推销产品的时候,你要结合自己对产品、服务、建议、方案及对客户的了解,选择其中比较重要的 1~3 点来介绍。不要担心客户听得不全,记住,客户的兴趣只能保持 30 秒。

30 秒赢得关注的两个核心点

◎ **本节思考**

(1)根据自己的经验总结营销 30 秒销售话术。

(2)完成下面的课后练习并记录效果。

如果你是带领销售团队的管理者，那么你可以组织一场培训。一位出色的销售员首先要懂得如何销售自己，而销售自己的第一步就是快速让别人认识你，并对你产生良好的印象。

你可以举办一场方桌形式的30秒"约会"，让每位销售员对面都坐一位"客户"，销售员有30秒的时间向"客户"做自我介绍。等一圈自我介绍做完后，让每位"客户"谈谈自己心中印象最佳的销售员，并让"客户"列举销售员在自我销售过程中哪些点能让其产生好感。

这样做的好处是能让每一位销售员都听到"客户"的反馈，进而总结修改效果较好的推介语，并且能够促进销售员之间相互交流与学习。

第二节 如何用心理学原理攻下买单犹豫的客户

销售工作中，比较让销售员抓耳挠腮的一类事情是，已经跟客户谈了很久，客户对产品各方面也很满意，但就是不买单。不是说回去再问问别人，就是说还要再看看价格，时常让销售员心火很旺，但对着客户又不得不微笑接待，耐心服务。

对于销售员来说，有没有办法搞定这些买单犹豫的客户呢？下面两个方法或许可以帮到你。

1. 激发客户的自我意识

"我要回家找××商量后才能决定"这句话，代表当前发言人是不具备决策权的。我们从很小的时候就开始有自己的想法，比如要出去玩，要某个玩具，我们一生所向往的自由就包含选择与决定的自由。

但如果买一样东西都要征询他人的意见，这在自我意识上无疑是偏弱的。这个时候如果销售员能从心理学角度看到这一点，就可以从增强顾客的自我意识入手。

例如，做橱柜定制的，单子利润空间大，但是总价高，顾客往往会多看多比对，还要与家人商议后才会下决定。这个销售过程会持续一段时间。而最让销售员心累的是，在跟进了顾客一段时间之后，以为球就要进门了，顾客却表示要回家跟家人商议后才能决定。很多顾客在回去之后，就不会再来下单了。

这个时候销售员就需要先激发顾客的自我意识，让顾客一开始就在意识中生成能够做决定的意愿。话术举例如下。

顾客："这个款式我挺喜欢的，但这个套餐价我要回去跟家人商量一下。"

销售人员："我看这几次都是您一个人过来看橱柜的，好多想法也是您提的，看来您的家人通常都会听从您的意见吧。"

顾客："是的，只要我喜欢，基本没什么问题。"

通常情况下顾客还会补充一句"但我还是要先征求一下家人的意见才能做最终决定"。

在增强了顾客的自我意识后，顾客的想法已经从"找家人商量"变成"只要我喜欢就没问题"，但出于尊重还是要告知一下家人的。

2. 让客户认为赢了价格战

很多交易到最后都是卡在了成交价格上。销售员自然想保证利润，而顾客免不了想榨干价格上的水分。那么怎么利用谈价格的过程来赢得成交呢？

还是以定制橱柜来举例。谈到最后，销售员愿意给出的报价是 8.5 万元，而顾客要求 7 万元。在双方都不愿意让步的情况下，一般的做法是取一个折中价。但折中的做法一定不是销售方主动提出的，而是要让顾客提出。

如果是销售员提出折中价，由顾客同意，那么在思维定式中，销售员是强势提出要求的一方，顾客则是被动接受、妥协的一方，这样并不利于成交。要想顺利成单,销售员就要考虑到这些微妙的思维定式,照顾到顾客的感受,让顾客来提出折中价。

销售员可以强调自己产品的卖点和优势,并指明谈到现在双方投入的时间与精力,这会促使顾客提出各让一步的折中要求。这个时候销售员再表现出勉强答应价格折中,顾客会有一种赢了价格战的感觉,从而爽快地买单。

让客户感觉良好的两个角度

◎ 本节思考

遇到犹豫不决的客户时,试着运用上述两种方法,并记录使用效果。

第三节 遇到无法解决的问题时,销售人员应该怎么办

在销售过程中,销售员会遇到一些无法解决的问题。例如,客户对于某个价位无法接受,而销售员又不能在这个价格上继续让步。为了不流失客户,销售员可以使用暂置策略。

【暂置策略1：暂且搁置价格问题，讨论些相关但不重要的话题】

案例分享

小王是一家旅行社的销售员，负责提供旅游线路定制服务套餐。客户想去海南三亚进行品质游，把自己的想法和对景点的要求都跟小王说了之后，小王也发挥了自己的业务特长，为客户定制了一条令人满意的旅游线路。

在双方相谈甚欢的情况下，客户进行了询价。听到小王的报价后，客户立马皱起了眉头，表现出对该价格无法接受。

客户："你这个线路怎么那么贵？"

小王赔着笑回答："先生，我们是做定制的，是根据每个客户的需求定制的专属路线，成本高，不是旅行团那样，走批量的。"

客户不认同地说："那这个价格也高了，这个价格肯定不行。"

小王着急地说道："这个价格已经超值了，我都是为您算好的项目，报的是实价。并不是说我给您报个水价，再给您降一点。我们这里是诚信经营的。"

客户摇了摇头说："这个价格我要再考虑考虑。"说完起身就准备走了。

案例解读

如果这个时候，销售员把焦点一直放在讨论价格上，就可能会流失这单。所以这时小王可以采用暂置策略，先把价格的问题放一边，跟客户讨论一些其他的小问题。

小王："您看您这个旅游线路，来回差不多得12天。您还在上班吧？"

客户："对呀，平时工作压力大，去旅游散散心。"

小王："那您请好假了吗？"

客户:"定下出发时间就可以请假了,攒了大半年的假,加上平时加班的调休,差不多正好。"

小王:"您真有眼光,这段时间是三亚最佳的旅游时期,人不多,景又好,您又正好有假。"

小王这时已成功地引导客户做了按照路线计划时间的心理暗示。只需进一步激发、强化客户的购买意向即可。

小王:"刚听您说,这次是跟女朋友一起去吧?"

客户:"是啊。"

小王:"她时间上的安排没问题吧?"

客户:"她平时就做淘宝店,时间上很自由的。"

小王:"看您平时工作挺忙的,也是难得可以安排这12天的旅游,又那么用心地安排线路、景点,您女朋友一定很期待跟您的这次三亚行。"

客户:"还行吧,总得让她开心一下啊,哈哈。"

小王这时已成功地调动起了客户愉悦的心情,同时也暗示了客户,他女朋友很期待这次旅行,客户自然也不希望女朋友失望。

经过考虑,客户多半会购买小王定制的旅游产品。

通过暂置策略,销售员回避了最大的矛盾点,转向讨论一些相关的信息。通过在一些小信息上使双方达成共识,来促使客户形成更大的购买动力。

【暂置策略2:搁置现在,讨论未来】

这里仍然以旅游产品推销作为案例,将客户从原来的情侣变为父子。相信大家都深有体会,销售是一份看人下菜的工作,客户类型、关系属性的变更,也时常需要销售人员调整销售的方式、技巧。

案例分享

临近暑假，李先生想看看旅游路线，计划带儿子去旅游，增长儿子的见识，让儿子开开眼界。

与上一位客户一样，李先生虽然对路线、行程都满意，但就是觉得价格太高了。

李先生："哎，你这个价格太高了，我们工薪阶层的家庭负担不起啊。我再回家考虑考虑。"

此时客户已经释放出拒绝的信号，如果任由客户回去自行考虑，那么很有可能丢单，或者客户被其他旅行社的销售员给说动了。

对于销售员来说，第一动作要诀是，在不引起客户反感的情况下挽留住客户。对于当前客户来说，他的消费动力来源于儿子，所以用孩子作为话题是个安全、有效的挽留客户的方式。

销售员："行，那您再考虑考虑。我听您说，这次是想带孩子一起去旅游,对吧？您孩子现在多大了？"（先顺应客户的想法，然后应用挽回话术。）

李先生："初二了。下半年就要升初三，学习会更加紧张，所以想趁这次暑假带他出去玩玩。"

销售员："嗯，现在的孩子读书确实是辛苦。孩子从小学到高考要经历12年的苦读。不过孩子有出息的话，将来您夫妻俩也享福啊。"（引发客户对于未来的联想。）

李先生："谁知道这小子将来能不能有出息。我们夫妻俩现在就是尽最大的努力为他创造条件，其他的就靠他自己了。"

销售员："是的。父母对孩子，前期都是投资。您现在做的每个决定，可能都会影响他的成长和发展。现在学校教育提倡多让学生接触生活，接触人文景观，而不仅仅是停留在书本知识上。这可比我们那代好多了。我们读书的时候，哪有机会去远地方看看，长长见识啊。"

李先生若有所思地问:"现在父母带孩子一起去旅游的多吗?"

销售员:"多得很。大多数父母都是想带孩子出去长见识,顺便散散心。还有部分家长是为孩子以后出国留学做准备,先带孩子出国踩个点,看看孩子喜欢哪个国家。"(触发客户对培养孩子的危机感。)

李先生沉默了片刻,说道:"那这些家庭的经济条件肯定很好,我们是想都不敢想的。"

销售员:"其实对于孩子来说,只要得到父母的陪伴和培养,他去哪儿旅游都会觉得很开心。而且,旅游对孩子来说不仅可以体验不同地方的景观和人文,还可以留下一段与父母在一起的愉快记忆。就像我,关于童年的回忆多是在老家,就有一次我妈带着我去了县城,可把我高兴坏了,到现在我还记得当时我妈给我买的糖人。哈哈。"

如果你希望了解别人的信息,最好的方式是先说自己的相关信息。例如,你最近买了一部手机,当你跟同事讨论这部手机的时候,同事大多会提起自己的手机或自己朋友手机的相关事件、信息。

所以,当销售员说了自己童年的经历后,客户也会联想到自己的童年经历,以及自己孩子的童年成长经历。

李先生有所动容,对销售员说:"那我先付个定金吧。回去我再跟老婆商量商量,最终确定下。"

销售员:"行啊,在出发前两个月付全款,还可以在总价上打个折扣,享受优惠呢。"

● 案例解读

销售更多的时候追求的是情感互动。在上述案例中,销售员通过提及自己的童年促使客户回想他的童年。以客户目前的消费水平来判断,客户儿时的家境应该一般。而销售员所描述的家境接近客户幼年的成长环境,这会唤起客户美好的回忆,同时客户也会感叹自己小时候没能像家庭条件好的同学那样获得更好的童年生活。

　　对于家长来说，都不希望自己的遗憾在孩子身上重演。从这个角度来看，客户买单的概率极大。

暂置策略

◎ 本节思考

　　使用暂置策略并记录客户的反馈与自己得到的经验。

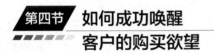

第四节　如何成功唤醒客户的购买欲望

　　"我非常想做好销售工作。有什么方法可以帮助到我吗？报一个演讲与口才培训班有用吗？"很多人会这样问我。其实销售是项具有挑战性的工作，你的口才好，肯定会锦上添花。但如果你没有掌握好销售技巧，那么好口才也很可能只是白做工。

案例分享

商场糖果柜台，有位打扮时髦的女顾客走了过来，看了看手工艺糖。

销售员连忙迎了上去询问客户："您好，要不要来点？"

女顾客微笑着摇了摇头："不了，怕胖。"

销售员："哪会呀。您这么苗条，您这要是胖，让我可怎么办啊？"说完销售员拍了拍自己有些外凸的肚子。

女顾客礼貌地笑了笑，走开了。

案例解读

这名销售员的服务还算可以，应答热情，但缺乏了一些推销意识，白白错失了这位潜在客户。

如果客户是主动地、自发地走过来浏览商品，甚至发生与商品的互动，如触摸商品等，那就代表客户对商品已经产生了兴趣，而人会本能地想拥有自己感兴趣的事物。

女顾客拒绝购买商品的原因是怕胖，这对于想保持体形的女性而言，的确是合理的考虑。

我之前讲过，不要直接去否定客户提出的观点。销售员虽然是安慰女顾客，表示自己比女顾客胖多了，还拍了拍自己的肚子，让自己成为女顾客的参照对象。然而，一旦女顾客参照了销售员的体形，就更不会激发购买糖果的欲望了。因为销售员的体形，恰恰是女顾客最不想成为的样子。

那么，如果你是这名销售员，你会如何做呢？

你可以尝试认同女顾客的观点："嗯，保持体形的确很重要，我也很在意自己的身材。我看您身材特别棒，您都是怎么保持的呢？"（进一步打开与客户的话题。）

女顾客:"也没什么,就是少吃高热量食物,还有就是多运动。"

你:"对。科学减肥才最有效。我上次看了一篇文章,其中讲到,人的血糖是减肥的关键,人不能过量食糖,但也不能断了糖。我之前就特别爱吃糖,但现在因为要减肥,所以我也跟公司提意见了。现在谁还吃老甜老甜的糖呢,吃太多糖不健康。所以您看,就您刚才看的那些手工艺糖,甜度很低,而且样子还好看。就算不吃,放家里还可以当装饰品。这些天好多小姑娘都买这样的手工艺糖。"

女顾客:"样子是挺好看的,那我买点放家里吧。"

销售是一门技术性工作,掌握越多技巧,你的时间就越能有效地被利用,这也就是我们常说的"高效成单"。

如何才能激发客户的购买欲望,实现高效成单呢?首先我们来思考一下,客户在什么时候会买单。

消费行为学理论告诉我们,客户在完成以下3个步骤后,就会出现购买行为。

第一,客户确认他需要这个商品。(我想要这样的商品。)

第二,客户已通过各类渠道了解这些商品信息。(看看这些商品里面哪个品牌、哪个型号符合我的需求。)

第三,客户做出购买决定。

当你了解了这3个步骤之后,你就可以通过提问来排查当前客户所处的消费行为阶段,以此来判断当前客户成单的可能性,从而达到高效成单的目的。

我们来假设一个场景。你是一家美妆屋假发柜台的销售员,此时门口款款走来一位颇有风韵的女子,带着一顶宽檐帽,形象时髦、贵气。你一看就觉得她是个值得下功夫沟通的准客户,于是迎了上去做了一番寒暄。女子也对你柜面上的一排造型假发比较感兴趣,伸手抚摸了一下造型假发的发丝。

这时你就可以开始你的"提问之旅"了,建议你可以尝试从以下几个角度提问。

（1）了解当前客户的需求（问题）是什么？如果是涉及客户隐私的问题，如脱发等，则需要问得委婉一些。

（2）购买了你的商品后，客户的问题是否能得到解决？这个问题用好了，会朝着销售成功迈进一大步。

（3）在选购过程中，客户遇到了哪些困难？如果在推销过程中，你帮助客户解决了她的困难，她自然愿意买单。

（4）客户的预算是多少？如果有配件或套餐，客户对此持什么态度？这属于销售进阶，就跟你去快餐店点餐一样。点单员会问你是否需要加个饮料或蛋挞。相对于快餐店的简单推销，柜台销售有着更充分的推销时间。

（5）客户是购买决策人吗？对于大件商品，你面对的客户往往不一定是可以做最终决定的人。关于这个问题的提出会有一些技巧。

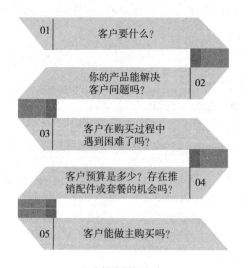

5个销售提问角度

如果你直接问："您是最终付钱的那个人吗？"很多客户都会不假思索地回答"是"，因为客户认为让你以为他有最终决定权，他就能获得你更周到、更殷切的服务。鉴于这种情况，你可以换种方式问同样的问题："您回去要跟××商议下商品选购的事情吗？"

以上 5 个提问角度，既是帮助销售员收集客户的消费信息的方法，也是帮助客户建立购买信心、激发客户购买欲望的技巧，基本在任何销售场景下都可以通用。你可以尝试练习一下，然后将提问推动成单的技巧运用到实际销售工作中，促成你的高效成单。

当然，在提问时你还要注意自己的提问风格，避免因频繁提问而造成客户的反感。高质量的销售问答占比是，销售员提问占 30%，客户回答占 70%。

◎ 本节思考

（1）熟练使用 5 个销售提问技巧，并记录客户反馈。

（2）本节中讲到的 5 个销售提问角度，可以灵活地应用于各类销售场景中，并且前后次序可以按照你的销售风格做出调整。请将这 5 个销售提问角度熟记，并实践于你的销售场景中，然后找出适合你的、效果较好的 2~3 个提问角度。

第五节 客户拒绝背后的深层心理及转化方法

就像人生不如意之事十有八九，销售员去拜访陌生客户时，被拒绝的也是十有八九，那么怎么做才能从这些拒绝的客户当中挖掘出新的销售线索和对象呢？这就需要了解客户拒绝背后的深层原因，从而将拒绝转化为签单。

销售员需要能够识别客户的拒绝反应，从而筛选出二次拜访的客户。初访的时候遭遇客户拒绝是正常的事情，因为客户不仅对销售员也对销售员的产品感到陌生。人都倾向选择自己熟悉的、有安全感的事物，这也是销售员在多次拜访之后终于打动客户的原因。不仅是因为销售员真诚的态度得到了客户的认可，也是因为多次拜访之后双方建立起了信任关系。

做销售员不是创造客户的消费需求，而是要学会"抓住"已存在消费需求但还没有购买产品的用户，这时候识别客户的拒绝反应就显得尤为重要了。

案例分享

保险推销员小李刚入行，自己没什么客户资源，又不好意思发动家人购买保险，只能鼓起勇气跑到街头发名片，试图给自己招揽客户。

大多数人看到发名片的销售员都会选择无视，只有极少数人会停下脚步。小李就会抓住机会跟那些人攀谈。

路人甲："保险啊，我不用了。早几年就已经买好了，在我的前同事那里买的。"

路人乙："保险？不靠谱，买的时候说都能保。真到用得上了，去索赔的时候就难了，什么都不能保。"

有经验的销售员都知道，保险比较难一次性成单，基本要靠销售员的回访。如果你是小李，以上两名客户，你会选择谁继续跟进呢？

案例解读

就成交概率而言，路人乙大于路人甲，从两个人的拒绝话语中就可以判断。

路人甲的消费需求已被满足，而且即使有新的保单需求，他也有比小李关系更稳固的保险推销员（路人甲的前同事）。在这种情况下，小李要拿到路人甲的单子，难度与所需投入的时间和精力耗费都较大。

路人乙有消费需求，从他的拒绝话语中可以了解到，他排斥的并不是保险，而是某些不正规的保险产品。他害怕投保之后，并不能得到应有的赔付。如果销售员能给予客户足够的商品信心，路人乙是有成单可能的。

下面我们详细说说，怎么从客户的拒绝反应中获取更多的信息。

1. 没有消费需求的客户的反应

这类客户的拒绝反应会非常彻底，因为他对你毫无兴趣。当你开口推销产品之际，他会有大幅动作表示拒绝，例如，立马转身离开、视线转移、大幅度地摇头或摇手等。

这个时候，销售员还可以再进一步询问客户是哪种不需要。但如果这时客户仍然保持之前明显的拒绝的姿态，那么销售员不要再去争取了，因为这时的争取在客户看来是一种死缠烂打的行为，会让客户感到厌烦。

2. 有潜在消费需求的客户的反应

这类客户并不会在你一开口后就立马拒绝，他们往往会听你做一段介绍之后再做出反应，即使会有拒绝似的语言也是犹豫的、客气的。

这个时候，销售员就要有一定的敏感度，因为客户现在没有购买需求并不代表他以后没有，所以这类客户是可以进行多次拜访并建立信任关系的。

销售培训中也会有经典案例：一个销售员在被客户拒绝之后，又坚持拜访了客户100次，终于签下了单子。

有这样的韧性和坚持当然是好的，但对于大多数的销售员来说，最好是把精力高效地投入到容易产生签单的客户身上，没有必要把90%的精力投注到10%的群体身上。

此外，你还需要正向利用客户的拒绝信息。普通人在遭遇到拒绝之后，正常的情绪反应是感到挫败甚至愤怒。但作为销售员，你面带笑容，以热情的态度向客户做产品推介时，客户却一口一个"不需要"就把你拒绝了，这时你是感到愤怒而翻脸，还是继续保持专业的态度呢？

近来网上曝出很多关于泰国"黑导游"的新闻。当导游准备带领游客去购物店的时候,在车上他会面带微笑、生动地描绘当地的特色产品,鼓动客户去购买商品,甚至会为游客介绍很多风土人情,因而给游客留下了良好的印象。

等游客返回车上之后,"黑导游"看大家的购物金额不高,立马就变了脸,对游客破口大骂,甚至出现人身威胁:"晚上别想吃饭!你们今天别回酒店睡觉了!"

这种"黑导游"的职业生涯注定是短暂的,还将会受到惩处。以销售员的思维来看,当游客购买金额不高时,就应该先了解客户没有购买商品的原因,并及时进行解释说明或更换产品卖点,这才是正常的营销思维。

3. 从受挫经历中提炼出销售心得

换言之,销售员在进行推介时要做到心态平和,不要动不动就联想到签单失败,这会让你的神经一直处于紧张的状态,难以表现出自信。要知道,哪怕这次失败了,你还有其他的客户,失去了这一名客户并不代表你这个月就没有饭吃了。你还可以从拒绝的客户当中识别对方是否可以成为你二次拜访的客户,对方是否反馈给你有效的信息,从而帮助你优化自己的推介话术。

不论你拜访的客户有什么样的反应,每次拜访都会为你积累经验,成为你下一次成功签单的基石。

将客户拒绝变废为宝

◎ 本节思考

每次被客户拒绝之后，都要换位思考，走进客户的内心，分析并记录客户拒绝的深层次的原因。

第六节 如何利用心理学知识建立销售认知

在之前的章节中我们提到过购物需求和购物认知。当客户对某样商品还没有建立起购物认知的时候，销售员去做推销时会很累。因为在这个时候，销售员还需要额外承担帮助客户建立对商品的购买认知的义务。但认知的建立往往是个循序渐进的过程，这也正是很多新商品上市前会有发布会、路演的原因。

如果跳过了认知建立的环节，销售表现会受到很大影响。尽管公司会根据自身的渠道能力进行市场推广、宣传，但很多时候客户仍然会对销售员推销的商品感到陌生，从而拒绝购买商品。

如果是位从事销售业务的创业者，同样会遇到类似的问题。

假设你承包了农场，客户之前没有光顾过，他们并不知道你的土鸡有什么特别之处，值得他们放弃之前的购物店（购物习惯），转而来光顾你。你要如何将自家产的土鸡推销给客户呢？再比如你做微商，你的主打商品是面膜，你要如何说服准客户来购买你的商品呢？

这就需要用到销售心理学方面的知识，来帮助你更加轻松、顺畅地完成销售工作。

1. 借用"权威"法

这个方法相当于口碑传播的变形。想象一下，如果在冬季，你走在下班回家的路上，冷风从你耳旁刮过，你打了一个寒颤。转头，看到商品橱窗里摆了一件形状特别新异的暖风机。但你也只看了一眼，没什么特别的想法就走了。

第二天上班，你惊奇地发现，这台暖风机放在了同事的办公桌下。同事跟你说道："怎么样，样子不错吧？现在再也不怕脚凉了。"你心里暗暗地想：这个出了名吝啬的同事这次怎么舍得"下血本"给自己添一台暖风机？这种暖风机特别好用吗？

中午用餐，你刷朋友圈时又看到另一位朋友晒出了这台暖风机，并臭美地附上了一句"最靓暖风机，配最美的我"。

于是，你对这台暖风机产生了兴趣，又有些好奇它的价位和功能。所以当天你下班路过商品橱窗时，忍不住走进店里了解这台暖风机。

在这个例子中，假设暖风机就是新上市产品。大多数客户对新品并不了解，你也是其中之一。所以，当你还没有对这个商品产生购买认知的时候，即使你看到了这个商品，你也就是"多看一眼"而已，并没有想进店去了解这个商品的念头，更别提购买这个商品了。

而之后出现的同事使用这个产品的故事场景，就是你建立起购买认知与需求的过程。第一位同事出了名的吝啬，也就是说，他在购买商品之前会经历货比三家、深思熟虑的过程。所以从这个角度来说，该同事是挑选性价比高的商品的"权威"人士。

另一位朋友非常爱美，能被一位爱美人士选中的暖风机，自然也不会差。

朋友对客户的影响力真有那么大吗？从众多商家都崇尚口碑营销就能看出答案了。

如果现在问你一个问题：总体来说，你认为多少人是值得信任的？

然后再问你一个问题：在你认识的人当中，你认为多少人是值得信任的？

相信在正常情况下，你回答第二个问题的数值一定大于第一个问题的数值。

由此可见，在销售新商品时，借用"权威"可以帮你省下很多力。

如果你是销售土鸡的，你就可以想方设法借用"权威"。例如，你家的鸡用的是著名饲料品牌，该饲料经过了质量认证。因为你销售的商品属于食品，所以，你可以利用权威的影响力让客户感受到你的土鸡是安全、健康的。

2. 制造控制感

购物是愉快的，它会给客户带来满足感、成就感与回报感。人通常可以通过消费体验到自己的存在感与价值感。也正是因为如此，我们才会如此热衷于购物，甚至有人会患上"购物成瘾症"。

作为销售员，如果你能在销售过程中强化客户所体验到的满足感、成就感与回报感，你就可以让客户像热衷于购物一样，热衷于找你下单。

比较具有代表性的是"电波怒汉"万峰，他是一位电台主持人。对于一档节目来说，主持人相当于王牌销售员。如果他没有做好，这档节目没有收听率，就会面临被撤档的危险。而万峰在做节目的时候就强化了听众的满足感、成就感与回报感，成功让节目火爆，让自己从众多主持人中脱颖而出。

当然，让客户在购物过程中感受到满足感、成就感和回报感，并不是一件容易的事。但如果你懂得赋予和运用"控制感"，则可以人为地营造出这种效果。

下面就让我们来看下，销售员应该如何制造、运用控制感。

这里要讲解的控制感，是赋予客户控制感。

如果你已经掌握了关于肢体语言的内容，我猜你已经能够通过观察客户的非语言动作来捕获更多的信息。若你能再多一些对心理学的了解，你就能将捕获到的信息加以应用，让它们为你的销售助力。

案例分享

佳佳是一名小学五年级的学生，妈妈陪着她逛商场。路过一家出售电子产品的店门口时，佳佳想进去看看展台上的平板电脑。

销售员非常热情、友好地迎了上去，向佳佳介绍平板电脑的各种功能。佳佳很喜欢，回头跟妈妈说："妈妈，我们上课时有好多同学都带平板电脑了。老师的课件,还有布置的作业,他们都在平板电脑上看。"

妈妈心不在焉地"嗯"了一声,又低下头看自己的手机。

过了一会儿妈妈拿着外套,坐在了展台旁边的位子上,留下销售员和佳佳二人。

在销售员的指导下,佳佳对平板电脑的操作越来越熟练,她打开了预装的游戏程序玩了起来,销售员陪在一旁。

过了20分钟,妈妈过来催佳佳走。佳佳不肯,执意要妈妈给她买平板电脑,妈妈却坚持不买。最后,母女俩一脸不高兴地离店,妈妈说:"以后这家店你不准进来了。"

如果你是这个销售员,这时你该如何扭转局面呢?

常见的方式如下:

(1)哄小客户高兴,让小客户出面攻克父母,让父母买单;

(2)说服父母,并给他们找个正当合理的购买理由。

这些方法之所以常见,是因为有效,但很多时候销售员没有应用成功的原因是欠缺了些功底。

案例思考

在这个案例中,你认为销售员哪些地方做得很好?哪些地方还需要改进?

● **案例解读**

销售员为佳佳提供了优质的服务与耐心的陪伴。从这个案例的角色定位上来看,销售员更像是游乐园的服务员,他教授了孩子如何玩平板电脑,并且陪伴、照看着孩子。在某种程度上,当他陪伴孩子打游戏的时候,他甚至临时性地替代了孩子母亲的角色,成为临时保姆。

这是一名很有善意、爱心的销售员,适合做长期客户储备型的销售。如果走短、平、快的销售路线,他可以大胆地尝试一些心理学与销售技巧相结合的方法。我们先从控制感的角度来看这组客户的进店行为。

对于小客户来说,她是没有控制感的。她想得到平板电脑,但自己没有购买能力。想让妈妈买,但即使撒娇也没能让妈妈做出购买决定。最后,妈妈连店门都不让她再进了。对于妈妈来说,也缺少控制感。她控制不了自己的孩子,最终只能用粗暴的方式向孩子表达拒绝。相对而言,妈妈是本案例中控制力最强的人。反过来说,销售员的目标客户就是那些在单组客户人群中控制力最强的人。

如果真像妈妈所说的,小客户再也不能进店了,销售员就流失了这组客户。所以,在这个案例中,销售员也没能掌握住控制感。

一次成功的销售,是可以让参与销售的客户都感受到自己的控制力的。因为只有在具备控制力的时候,客户才会对当前事物感到有安全感。

案例中的销售员前期做得很好,如果他能将销售攻势展现出来,就会更好。那样的话,即使不成功,至少也能给自己积累经验,为下一次的成功销售做准备。

当小客户说出自己的同学都在用平板电脑看课件、做作业的时候,销售员需要观察妈妈的反应,因为这是个绝佳的购买理由,将一个娱乐工具包装成学习工具,这样能促使大多数家长买单。

当时妈妈的反应是"嗯"了一声,然后继续看自己的手机。

如果销售员已经对肢体语言和微表情有所了解,那么此时,他对妈妈的反应就会有两个假设:

假设1:妈妈用了简单而敷衍的回应,因为她心里无法反驳女儿的这个购买提议。同时,对女儿和销售员采取视线回避,是想避免自己的真实想法被对方识破。

假设2:妈妈没有认真听女儿说话,注意力已经全部转移到了自己的手机上。

现在销售成功的前提条件是,销售员能摸排出妈妈的真实想法。可以用什么方法诱导妈妈说出自己的想法呢?

站在妈妈的角度来看,此时销售员就是女儿的"同伙"。女儿要买平板电脑,销售员想促成女儿的这一想法。因此,销售员要做的第一步就是"破冰"。能站在妈妈的立场说话,才能最大限度地获取妈妈的好感。

参考话术:"现在做家长真是不容易啊,都是为了孩子。"/"逛累了吧,要不您坐凳子上歇会儿。"

只要销售员引发了家长的共鸣,家长就会进入放松的状态,甚至会通过攀谈说出自己真正的需求。至于如何与客户攀谈,相信作为销售员,你已经掌握了一定的沟通技巧。

当了解到客户的真正需求或消费痛点后,销售员要做的就是运用煽动方法来攻单,这就要求销售员了解大众心理。几乎所有的父母都希望给自家孩子提供最好的学习条件,从这一点出发,销售员可以当着妈妈的面问佳佳:"佳佳,同学用平板电脑看课件的时候,他们愿意借给你看吗?"

如果孩子回答"不愿意"或"不想去问别人借"时,销售员可以再做深入的询问。按照这个思路问下去,便会暴露出佳佳学习资源比同伴差,这会引发家长的焦虑,而解除这个焦虑的最好方法就是提供给佳佳同样的学习资源。这样家长会觉得自家的孩子不至于因为父母没有提供给她与同学一样的学习资源而导致学业落于人后。

家长最大的无力感来源于无法保障孩子的将来,孩子的将来主要靠现在的学业。在孩子的学习阶段,如果家长能做好这一阶段的工作,就会降低自己的无力感,通过购买行为获取控制力,同时也能感受到孩子喜悦的情绪。

在使用这样的方法时,还需要利用好停顿,使用简洁、准确、具体的语句,以避免家长产生"你在诱导我孩子"的感觉。

销售员可以把与家长的沟通想象为朋友般的沟通，平等而友好。如果销售员攻单成功，这对母女离开店的时候，情绪一定会跟案例中的有很大差别。如果家长对购买产品有其他的考虑，销售员就要从了解痛点下手，这些痛点往往也跟家长的控制感有关。例如，担心孩子玩平板电脑上瘾，学业会受到影响。这其实也是关于控制感的问题，家长会担心一旦发生这样的情况，自己就控制不了孩子了。

如果家长是因为商品单价高，觉得有经济负担，那么这也属于一个消费痛点（控制感）。客户会担心一旦购买，产生的经济缺口会让自己无法收拾残局。这时销售员可以通过分期付款、优惠活动等，来增强客户对自己经济问题应对的控制感。

3. 应用控制感

在销售过程中，销售员手中是有控制权的，主要是指销售员对自己可以调动的资源的控制。我们较为熟知的把这种技巧运用得非常好的代表就是地导。

很多人都有远途旅游的经验，尤其是去国外，落地之后的行程就由当地导游来负责了。当地导游的工作性质以服务为主，因为对于他来说，他所服务的人员都是已经付费的游客。但地导的大部分收入来自游客在当地购物店的消费，所以这时地导和游客的身份定义就发生了变化，地导成了销售员，而这一车的游客都是他的准客户。地导可以控制的资源有：对游客不同质量的服务、关心，房间的分配等。这其中的每一点都可以做细分，尤其是在服务上。

人都是喜欢做比较的，而且大部分人会崇拜权威。游客在落地之后面临的是一个陌生的环境，他们都希望能更多地获得导游的关注和照顾。就连旅游大巴的座位都希望导游能安排好，让自己坐在最前排。所以，有经验的导游会在地接之前，就先查看好游客的资料。在面接后，快速锚定自己的大客户，然后开始针对大客户提供高质量的服务，将客户的座位安排在前面，热情地为大客户拎包，更多地与大客户攀谈，讲解当地的风土人情，并在分房时特地将钥匙分出来交到大客户手里。

为了更好地模拟对这一技巧的应用，我们用一个场景化的例子来介绍。

案例分享

地导王力在查看了客户资料之后，初步筛选了3~5位值得留意的客户。当天接到旅游团之后，王力留意到其中一位50多岁、戴着一串粗金项链的男性游客。他单身一人来旅游，王力觉得一位中年男性，身边没有女士干扰消费，应该会是名不错的准客户。

于是王力就开始对这名游客攻关："哥，您一个人来旅游，带这么大个箱子呀？"（了解客户消费意向。）

游客："哈哈，是啊。难得出一次国，来看看有什么好东西可以买点带回去送人。"

王力："哥，来，我帮您推箱子。"（人际关系破冰。）

游客："别，那怎么好意思。我自己能行。"

王力："没事哥，我们这些做地导的经常帮游客推个箱子、提个包的，不妨事，您看我这身体壮着呢。"（引导话题，为后续攻关寻找合理解释。）

游客："是啊，还是你们小年轻人好啊。你看我60岁不到，这三高都已经全了。"

王力："哟，我等下安排您坐前面的位置。接下来大巴要开3个多小时呢。"

游客："那真是谢谢你，小伙子人真好。"

在大巴车上，王力又与其他游客做了互动，对于另外几个准客户也做了关系维护。接下来是入住酒店。

王力："这酒店我常带团来，这次我们预定的这几间房，就508房间的景观最好，大床房，落地窗，直接能看到对面的海景。哥，您难得出国一次，这房我给您留着了，这是钥匙，您先拿着上去吧，今天早点休息。我现在得赶紧给其他游客发钥匙去。"

游客："那真是谢谢你了。"

● 案例解读

王力运用了资源调配,既让这位游客享受到了高质量的服务,又充分地让游客感受到了地导在带团时对资源的控制权。

试想,当这位游客到了购物店之后,怎么可能不多买一些商品呢?

如果地导更加资深,还能使用这样的控制感营造出游客之间的竞争心态,将这种竞争行为转换到购物较量上。当然,这属于比较极端化的应用,对于销售技巧、人际沟通、心理学等知识的掌握,要求要高得多。

◎ 本节思考

(1)每天学习一个关于销售心理学方面的知识。

(2)将每天学到的知识点进行实际应用,并记录使用效果。

(3)根据你所销售的商品的特性与关联性,寻找可以借用的"权威"资源,并撰写成销售话术。

(4)谈谈你对文中提到的控制感的理解,并尝试将其套用到你的实际销售场景中。

第七节 什么理由能让客户掏钱买单

购物是一种情感优先的决策行为,美国曾发生过这样一件事。

案例分享

在小电器商店工作的一名中年妇女,她本身也是个购物狂。她在两年多的工作时间里,总共挪用了店内25万美元现金。这个女人的收入不高,还有孩子需要抚养,她是用这笔钱还贷或是送她的孩子读大学了吗?都不是,她把所有的钱都拿去买了奢侈品,如路易·威登、普拉达等。她被捕时,用赃款购买来的名牌服饰、手袋,还有鞋子已经足够装满30个整理箱。

案例解读

通常母亲会将孩子的需求放在第一位。如果手头拮据,总会把钱花在能维系生存的商品上。但案例中的母亲买的都是奢侈品,而且当她在用这些赃款购买奢侈品时,她的内心获得了极大满足,这种满足感超越了她对于现实生活的考量。

虽然案例中的妇女可能存在病理性购物的倾向,但这已经可以说明情感冲动在购物决策中起了巨大作用。

如果每位客户在购物时都很理性,那么相信现在的市场销售模式会发生翻天覆地的变化。如果你想找到打动客户的购买理由,就一定要踩准节拍。

假设你是一名面销人员,你会如何寻找自己售卖的商品可以跟客户连接的情感需求点呢?我们先来做一个热身,找找感觉。在情感性消费中,比较具有典型代表性的商品就是宠物。现在宠物店中的萌宠很多,尤其是布偶猫,品相好的可以卖到3万元。如果客户从理性角度来思考,买只猫虽然可以陪伴自己,但是买回去之后还要购置猫粮、猫厕所等一系列的相关物品,这些杂七杂八的开销也不少。除此之外,还需要定期带猫去注射疫苗,等猫到了一定年龄,还需要做绝育手术,平时还要给它洗澡、梳毛等。如果要去旅行,还要事先找人把猫安顿好。养一只宠物的后续事宜如此繁复,考虑之后便会打消购买的念头。

如果顾客都这么理性，宠物商店的生意恐怕会做不下去。因为很多购买宠物的人都存在一定的消费冲动。假设现在有一名小女孩，跟着父母来到了宠物店，她看中了一条金毛狗。作为销售员，这时你要选择什么购买理由来说服孩子的父母买单呢？

理由1：狗很可爱。这是我们都能接受的理由，但不足以打动客户。

理由2：狗可以陪伴孩子成长。这个理由也不错，但是给孩子带来的实际收益有多少呢？这个购买理由显然还没有充分地展示出客户购买后的收益点。

理由3：如果你说购买了这条狗之后，可以让孩子承担起照顾一条生命的责任，父母可以通过这件事对孩子进行生命教育，那么这显然可以迎合父母的心理期待。父母最重视的是对孩子的教育，而且生命教育是学校教育中的一个薄弱点。很少有父母能够抵抗住这样的购买理由。

以上内容对你是否有了一定的启发呢？带着这样的思路，我们再来看看下面的内容。

假设你现在是销售平板电脑的销售员，你就可以用平板电脑可以看电子书，不受时间、地点的限制，最大化地利用碎片时间学习，了解最新资讯，帮助个人成长。你把一个娱乐工具包装成了学习用品，于是客户的购买理由就显得更正当了：我不是为了打游戏，我是为了学习。又或者你是销售服装的，女孩子爱买衣服，但年轻女孩的消费力不强。可能她挑的衣服穿在她身上非常合适，但她因为价格而犹豫不决。这时你可以用什么购买理由来打动她呢？依然可以用正当化的理由，如这件衣服可以用于面试等重要场合。此时女孩买的便不再是一件衣服，而是面试时更高的通过概率，更快实现人生目标的机会。

作为一名销售员，首先要懂得如何给客户的购买理由做包装，其次要根据客户的生活环境、人生角色包装出更迎合当前客户的购买理由，以此来提高销售成功率。

销售员如何表现才能给客户留下良好印象

单价高的商品通常需要销售员多次跟进。如果在这个过程中,销售员的服务给客户留下了良好印象,两者间就建立起了良性沟通的桥梁。

印象也是一种记忆,销售员最容易给客户留下的就是情绪记忆。

如果你让客户回去之后,复述你当时所说的商品介绍、优势等,客户可能记忆已经模糊。但客户能够很清晰地说出对你的评价。例如,销售员小李这个人挺实在、挺热情的。

我们在人际互动中都会产生亲身感受和体验,这种感觉性的记忆会比文字更容易留在人的脑海中。这也是为什么销售员在接待客户时需要打起 12 分的精神,以良好的状态与敬业的态度来与客户交流的原因。一旦客户对销售员产生了优质的情绪记忆,便会对销售员后续的销售跟进产生极大的帮助。

◎ **本节思考**

在推销过程中,如何将商品与客户情感进行连接,为客户提供能够打动他的购买理由呢?至少写下一个实践成功的案例。

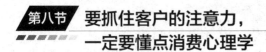

第八节 要抓住客户的注意力,一定要懂点消费心理学

要获得成单,第一步需要吸引客户的注意力,否则再好的销售话术都没有机

会展示。比较容易抓到客户注意力的方法是抓住客户的视觉感受。

案例分享

你所在的商场柜台中进口了一批精致酒具，杯身是玻璃制成的，晶莹剔透，造型美观。新货上柜之后你还挺高兴的，心想：这么精美，一定很好销，这个月的业绩奖金稳拿了。此时你也受到了视觉效果的影响。

但这套玻璃酒具上架了好几天，销量并不好，一天只能卖两三套。这套酒具原本是作为本季的主打款引进的，可现在的销售表现实在是令人失望。

销量不好，销售员的业绩提成就少，接下来应该怎么办呢？

成功的个案是当时柜台中一位40多岁的中年女性营业员，她在玻璃酒杯中倒入了一些"酒"，这样整套酒具显得更好看些。没想到进行了这样的展示后，这套玻璃酒具的销量直线上升，而这位女营业员只不过是在清水中滴了红墨水，营造了红酒的视觉效果。

● 案例解读

虽然是无心之举，但至少说明女营业员有这样的意识。在产品中加入红墨水，营造出红酒的视觉效果，会让产品的展示效果更好。

这样的展示会让客户在看到产品的第一时间就联想到喝红酒的场景，继而引发自己的购物思考：是否需要添置一套酒具？接下来销售员就可以顺水推舟地开始介绍商品了。

通过这个案例我们能够看到消费者的联想力，不但需要你进行口头推销，更需要通过视觉效果去吸引消费者。如果在产品展示时没有第一时间抓住顾客，那么可能你也就没有下一步推销的机会了。

抓住了客户的注意力之后，你还需要知道怎样转移客户的注意力，因为你的最终的目的是让客户买单。

这时就要考验你的销售功底了，也就是说，你要在不引起消费者反感或戒备的前提下摸清消费者的消费动机。

依然以这套进口的玻璃酒具来举例。如果消费者已经成功被你的展示策略所吸引，他在了解这个商品的过程中必然会进行判断，然后决定是否购买。在这个判断的过程中，消费者会询问你一些问题，包括商品的短板。这套玻璃酒具的短板在于其表面的花纹繁复，虽然高贵典雅，但是很容易积灰，形成污垢，难以清洗。又或者消费者担心玻璃器皿虽然晶莹透亮，但是薄脆，使用过程中容易碎裂。

新手销售员在这时容易犯的错误就是，针对性地回答顾客的问题。例如，说"拿布擦一下就好啊"，或者说"没有那么容易碎裂"，而消费者的担心并不会随着销售员针对性的解答而消除。这时销售员真正要做的是，将消费者的消费顾虑转移到对成单有利的因素上。

在接触客户的前期不要着急推销商品，而要跟客户聊天，从聊天过程中获取客户想象使用这个商品的场景。如果客户说自己有个朋友也喜好喝红酒，这个朋友来做客的时候能够拿出这样一套酒具来，那也是相当地应景。

这个信息的获取就是你跟客户聊天的收益，你可以从这个角度去攻单，转移客户的注意力，就说寻常的酒具虽厚实，但是样式呆板。如果用这一套酒具招待客户或朋友，不仅可以使喝酒的整体档次上升，也可以使主人在宴客时特别有面子，这一点正好是客户原本就存在的消费动机，再经过你这么一推动，成单的概率便会大大提升。

销售是98%的了解人性+2%的产品知识。按照销售界的老话来说，如果你想钓到鱼，就得像鱼儿那样思考！你对鱼儿越了解，就越能针对池子里的鱼儿投下具有诱惑力的饵。就像销售这套玻璃酒具，你需要思考客户在什么场景下会想到使用这款商品，摸准了客户需求，就可以顺利成单了。

◎ **本节思考**

查看你的商品陈列，确认是否有新的吸引客户注意力的方法可以加以应用。

第九节 客户为什么购买你的产品

现在市场上同质化的商品那么多，每一样商品看上去功能都不错，每家的售后服务也都很优质，那么如何让顾客购买你的商品呢？这时销售人员所起到的作用就显得格外重要了。要让客户选择你推销的商品，首先你需要了解客户在什么样的动力作用下会产生购买商品的欲望，这同样需要你对人性有一定的了解。

下面让我们结合案例来进一步理解这一点。

案例分享

一些消费调查的结果显示，顾客产生的购买理由大致如下。

（1）为了被喜欢。例如，妈妈出门买菜，顺手在超市给女儿买了2根棒棒糖，无非是想看到女儿欣喜的笑容和由此引发的对妈妈爱的表达。

（2）为了被感谢。例如，销售员跟顾客说："帮帮忙，这个月我还没开单。"顾客为了帮助销售员（得到感谢），于是就在当月下单了。

（3）为了体现自己的重要性。

（4）为了赚钱。

（5）为了省钱。

（6）为了省时间。

（7）为了得到轻松，如购买洗碗机、扫地机等实用型家务利器。

（8）为了得到保障，如购买保险类产品。

（9）为了感到与众不同，如购买时尚前沿、高科技类产品。

（10）为了得到健康，如购买保健品类、健身类产品。

顾客的购买行为也有可能是出于负面的缘由，举例如下。

（1）出于恐惧。例如，"非典"时期，人人自危。听说白醋可以杀菌，大家纷纷涌入超市抢购白醋。有的人看到白醋如此抢手，生怕断货后自己购买不上，于是"杀"入超市囤白醋。

（2）出于贪念。

（3）出于罪恶感。

细细地捋一遍客户的购买理由，你可以发现，它们与你的产品功能并无直接的关联。这就意味着你在向客户推介商品时，要将商品与对方的购买动机联系在一起，要着重为客户介绍产品给他带来的附加值，而不是产品本身的功能。例如，推销保健品，你跟客户说里面的成分，这些是客户并不看重也听不懂的内容。能够打动客户的是，购买了你的保健品后，对他的健康有哪些好处，这才是响应对方的购买动机的内容。

再如，向女客户推介洗碗机的时候，你要知道洗碗机附带的价值是什么。

● 案例解读

现在请你按照案例客户购买的理由分析一下，洗碗机的附加值可以契合客户的哪些购买动机。

（1）为了被感谢。洗碗机清洗后的碗碟干净、无油渍残留、无水渍，每次给家人用的碗具都跟新的一样，如此高质量的家务能力足以获得家人的感谢。

（2）为了省钱。洗碗机的用水量是经过科学精准的计算的，比拿着碗碟在水龙头下冲洗更省水，而且有灭菌作用。不但水费省了，还可以节省由于碗碟污渍引发家人不适而就医的潜在费用。

（3）为了省时间。洗碗一次需要20分钟，每天3顿饭，一个月就要花费1800分钟。如果把客户从洗碗这样日常重复频率较高的家务中解放出来，是不是为顾客节省了好多时间呢？

（4）为了得到轻松。双手不再油腻腻，客户可以有更多的时间用在自己想做的事情上。

（5）为了感到与众不同。同辈的姐妹家由于厨房面积不够或理念滞后，都没用上洗碗机，而顾客则用上了，这就显得客户比较与众不同。

（6）为了得到健康。在水龙头下洗碗，双手的皮肤会受到水流的冲击，加上使用的洗洁精等化学用品会对手部肌肤造成损伤。有了洗碗机之后，客户再不用担心这些问题了。

越是对自己所销售的产品了解，罗列出的产品附加值就越多。在与客户沟通的过程中要留意其对于附加值的反应，找准客户的购买动机，进而打动客户并实现成交。

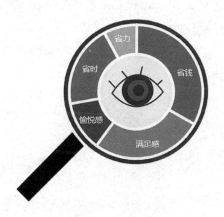

找准客户的购买动机

◎ **本节思考**

尽可能多地罗列你负责销售的商品的附加值，并将它们按照你的客户群体的购买特性，以较能打动客户的顺序做出列表，并在实际销售工作中去验证它们的效果。

第十节 客户只是需要一个购买理由

在销售过程中,销售员需要承担起主动发起交易的任务,给客户一个购买理由,才能把产品更多更快地卖给客户。要做到这一点,你需要了解客户的心理需求。一般来说,你只需要结合3个关键点就可以打动客户并实现成交。

首先你需要贴近业务,也就是实地考察;其次你需要提出一个购买理由,这个理由必须先说服你自己,然后说服客户;最后你要突出客户的获益点。这样一来,一般的客户就无法拒绝交易了。

假设你是做渠道销售的,那么你需要到客户的商铺中实地考察销货情况。只有贴近业务,才有可能给客户一个接受度较高的购买理由。

为了便于理解,我们借用一个案例来进行解说,看看销售员是如何通过实地观察来做渠道铺货的。

案例分享

王彬原本是企业白领,因为公司的各项行政制度让他感到很不自由,于是他决定拿着自己的积蓄创业。他现在做的是冷饮批发生意,生意规模不大,来他这里批货的都是小杂货店的老板。

但王彬非常有销售头脑,他经常到附近的商铺去考察。他发现有一家商铺的销货情况非常好,无论是冷饮还是瓶装饮料,一个月销掉2~3箱是没有问题的。

王彬在这家店的老板第二次来进货的时候,问这个老板:"这次拿多少货呢?"

老板回答:"老样子吧。"

王彬听完老板的购买需求,就结合自己所观察到的销货情况,给予了老板一个接受度较高的购买理由:"我觉得你可以把瓶装饮料的进货数上升到10箱。因为现在买10箱的话,我们正好有夏季活动,每箱再赠送2瓶,这样你可以免费获得12瓶饮料,相当于半箱。在这个季节肯定能卖得完,况且饮料分量重,你一次进10箱,也省了来回进货的麻烦。"

老板低头想了想,觉得也是这个道理,就答应了。

试想一下,这位老板开着小货车来进货,每次就进两箱水,夏季货销得快,一旦卖完了,他又要来进货。来回路上耗费的汽油和时间,对于老板来说都是额外的付出,王彬的建议自然也成为老板乐于接受的购买理由。对于王彬来说,也增加了单次交易的销售额,距离自己实现买房的目标又近了一点。

● 案例解读

在这个案例中,王彬首先进行了实地考察,也就是贴近业务;听了杂货店老板的购买需求之后,他提出了一个接受度较高的购买理由,同时还强调了客户的获益点。这样一来,成单就成了水到渠成之事。

销售是一个发现、创造、唤醒和满足客户需求的行为,作为销售员,你要全力以赴地把客户的需求放在心上。记住,谈单的时候一定要把客户需求放在自己的利益之上。

很多销售人员在谈单时总是计算哪种商品定什么样的价格才能使自己的营收最大化。但如果你把自己的利益放在了客户需求前面,那么你的话术和营销态度都会发生同步的变化。客户都是很敏感的,一旦被客户识别出来,你的这单生意就"黄"了。

美国前总统里根曾经说过:"你在游说别人之前,一定要先解除对方的戒心。"当你能顾及客户的需求,以客户需求为先时,你便能打开客户的心房,实现成交。

就像上例中的王彬,他在谈单时告诉老板的是:

(1)我让利;

(2)你可以节省油费和时间;

（3）你的囤货风险极低。

这些都是从客户获益的角度提出的，因此很容易被客户接受。

销售操作的 3 个步骤

◎ **本节思考**

在销售过程中使用 3 个关键点，并记录使用效果。

Part 2

"玩转"情商的人，从来不担心业绩

所谓情商高，就是时刻散发个人魅力

高情商攻心话术

所谓情商高，就是让客户愿意继续沟通

04

第四章 | 所谓情商高,就是时刻散发个人魅力

客户最喜欢什么样的销售员
发展固定客源应具备的关键素养与能力
幽默还是没教养?你的情商决定了分寸感

第一节 客户最喜欢什么样的销售员

我们在生活中会遇到各种类型的销售员,那么什么样的销售员是你喜欢的类型呢?你会选择下列4个选项中的哪个呢?让我们从这道选择题开始这一节的内容吧。

A.友善的销售员 B.伶俐的销售员 C.自信的销售员 D.傲娇的销售员

统计结果显示:自信的销售员更容易赢得客户的好感。因为销售员散发出的自信感会通过各种意识、非意识的交流在第一时间传递给客户,让客户觉得自信的销售员是值得信赖的。

案例分享

某加油站对业务进行了相应调整,现在加油工不但要负责原先的工作,还需要承担推销高价汽油、汽油宝等产品的工作。老员工都很不乐意,原来只是做加油工,现在还要额外负责销售员的工作。

但根据公司的奖励制度,推销出商品的加油工,在原有工资的基础上还能获得业绩奖金。

老王在加油站干了几十年,早已习惯了一成不变的工作内容,中午他还负责给站点同事烧饭。对于这次改制的事情,老王忽然不清楚自己要干嘛。是不是在客人加油的时候,顺便问问要不要买贵点的油,要不要再带瓶汽油宝走?

老王就这么直愣愣地去做了。第一个月一单都没开,拿了"死"工资。

站长找老王谈话了:"老王,你是我们站点的老员工了。我们对你有感情,你对这里也有感情。现在工作改制是大势所趋，你要起带头作用。下个月，你可一定要做出点成绩来。"

老王苦恼地抓了抓头发，抱怨道："站长，我再过5年就退休了。这搞得什么啊，我完全摸不着头脑。我也不想去推销，这事不应该让我们来做。"

● 案例解读

如果你是站长，你认为在这次谈话后，老王能够做出业绩吗？

从案例来看，老王之前没有接触过销售工作，但他是个敬业的员工。上面有销售任务，他就老老实实地去问客户要不要买。

虽然技巧性差些，但主观上还是想把工作做好的。老王的关键问题在于，对于销售工作既没概念，也没有信心。

因此，站长若想由老王带头做好销售工作，就需要帮助老王梳理销售信心，并教授老王一些简单、适用的销售技巧。

【销售员与客户的两种交流解析】

1. 自信的交流

自信的销售员对自己推销的产品非常了解，从产品的构造、使用原理到市场销售信息，他们都能自如、流畅地向客户做介绍并解答疑问。

当你面对一位应答如流，还能为你提供你所需要的信息的销售员，你对他的信赖度是否会比对普通销售员的信赖度要高呢？答案是肯定的。

2. 露怯的交流

露怯的交流是指我们自己都没有意识到的一些不自信的表现，例如，没有察觉到的呼吸加速、皱眉等，这类稍纵即逝的微表情、微行为都被称为露怯的交流。

作为销售员，当你向一位客户推介某品牌的主打产品时，客户质疑道："你们这个产品质量不好。我之前在旁边那家店里打听过，你们这个牌子的产品返修率最高了。"

面对客户质疑的时候,销售员的水平会尽显无遗。自信的销售员面对客户的质疑会更加镇定,以高情商的话术来应对客户的疑问,打消客户的购买顾虑。

案例分享

某公司老板去你那里购买了一套高级音响,放到员工活动室,希望员工在休息室里能享受到一流的音效,更好地放松自己,调整工作状态。但是回去使用了一段时间后,发现音响在播放音乐时会出现一些轻微的噪声。于是这位老板跑到你这里,指责你高价卖给他劣质货,现在要求退货,不然就去工商局投诉你。如果此时销售员对自家的商品没有信心,那么面对客户的指责时就会心虚。但你不同,你对商品有着足够专业的了解,你也对自家品牌的质量充满信心。

你开始安抚这位老板的情绪,说道:"您一心想着员工的福利,为员工买了这么高品质的音响,像您这么有心的老板,真的不多。我一定要为您解决这个问题,您看什么时候方便,我让售后工程师去您那儿调试一下。音响摆放位置、排线、磁场干扰都会影响播放品质,这些细节我们工程师到时候会在现场跟您解释。到时候工程师过去了,还能跟您的员工交流一下我们这款音响的各种功能。您买的这套音响可不止有播放音乐这么一个简单功能,它还有很多高级功能。"

这套回复语中,有对老板的恭维与认同,有对商品问题的解释与解决方案,还有对工程师到场之后能带去的附加值。

不自信的销售员会表现出紧张、防御的姿态,例如,面部肌肉紧张,表情僵硬,视线闪躲回避,并以反感或对立的态度驳斥客户的质疑。而客户一旦看到这样的表现,就会感觉这个品牌的质量的确如自己所担心的那样,这样就会导致成交失败。

还是以上面的案例讲解,假设那位公司老板前来投诉的时候,遇到的是一位不自信的销售员,那么结局可能会完全不一样。

由于销售员对产品没有信心,因此面对这位老板的质疑,并没有做出合理的解释。老板咄咄逼人地不断提出质疑，销售员开始表现出不耐烦的样子，说道："我们公司有规定，不能退货……只能给你修修。"

老板一听会更加恼怒："我新买的音响就出问题，你们明显是伪劣产品，直接给我退货，否则就去工商局投诉你们。"

眼看这位老板当场就要拨打投诉电话，销售员慌了，赶紧说道："别啊，千万别投诉，我也是打工的，做不了主。您等等，我去问问经理。"

这位销售人员对于自己的产品并不熟悉，无法从专业角度做出解释，因此在回应客户时表现得十分不自信。当客户不断提出质疑时，销售员没能控制好情绪，表现出反感与对立的姿态，则会进一步激怒客户。

最终，销售员选择了将包袱直接甩给经理。很明显，这不是一个合格的销售员。

不自信的销售员所表现出的面部表情、肢体动作都是下意识举动，自己根本没有任何察觉。

很多企业都非常重视对销售部门的培训，从销售话术到销售意识，都会不遗余力地做推进，恨不得把每个销售员都培养成业界传说。

然而，从专业角度分析，在培训销售意识和销售技巧之前，更应该重点打造销售员的形象与气质。试想一下，当你与陌生人打交道的时候，对方表现出无精打采或者很猥琐的样子，你是不是会失去进一步交流的兴趣。因此，销售员更应该注重外型、气质，销售员的不自信会让客户直接联想到产品质量差。

扫描右侧的二维码完成测试，看看作为销售人员，你的自信力如何。

如果说上面的测试比较注重娱乐性，那么下面这个模拟训练就比较凸显实战性了。假设你是一名销售主管，手下有10名销售员，现在这10名员工站成一排，模拟即将要接待客户的状态。首先你可以要求这 10 名销售尽自己的全力，表现出最佳的精神面貌。其次让职能部门的同事扮演客户，观察这 10 名销售员后投票，选出"我会选择对话的销售员"。大家一起看看最终得票较多的销售员是不是精神面貌极佳，表现得自信满满。

这个模拟训练一定要找职能部门的同事扮演客户，最好是跟销售部员工不熟悉的人，这样测试的结果才更为客观真实。如果条件允许，还可以邀请一些客户进行实战测试。

心理学上有一个理论，称为首因效应，又称第一印象，是指交往双方形成的第一印象会对今后的交往关系造成影响。销售员给人的第一印象确实会令客户产生"先入为主"的效果。

有时候你并不是输在销售技巧上，而是你留给客户的第一印象输给了其他销售员。如果不能获得客户的青睐，那么你连开口推销的机会都没有。

【6种方法拯救不自信的销售员】

既然信心对于销售人员如此重要，接下来我们便花些时间对信心的培养进行系统性的梳理。虽然这类内容大家都在讲，但是作为一名心理咨询师出身的资深销售员，我还是想跟大家强调以下几点。

1. 必胜的信念

一些资历较深的销售人员可能觉得，所谓的必胜信念都是"打鸡血"的废话，但是对于一些新人来说，保持必胜的信念还是很有必要的。

必胜的信念是组成自信的一部分。戴夫·多索尔森说过："如果你有 99% 成功的欲望，却有 1% 放弃的念头，那么你可能就没有获得成功的机会。你所要坚信的就是一切皆有可能。"

乔·吉拉德的故事大家都看过很多，如果你不熟悉，可以扫描二维码，通过这个不到两分钟的音频迅速了解。

当一个人认为自己能成功时，不断地重复这个信念，以此来坚定信心，他就一定能成功。别以为这一招没效果，虽然是"鸡汤"，但是如果你可以让这种信念扎根于自己的内心深处，那么一定会影响到你的行为，时间久了你就能看到效果了。那些不以为然的人，往往是寄希望于短期见效的人，这是非常不现实的。

我们都喜欢和自信的人打交道，因为这样的人能给我们带来快乐和满足感。所以，既然选择了销售这一行，就一定要培养必胜的信念，让自己成为一个自信的人。

2. 无价的个人形象

销售员不需要去参加选美，也不需要追求当季流行品。但因为每个人的衣着打扮、行为举止都属于非意识交流的内容，所以，如果你能做到衣着得体、笑容亲切、举止大方，你就更容易给客户留下良好的第一印象。

就像上文中的模拟训练一样，如果你能让客户在众多销售员中第一个选中你作为交流对象，那么对你的成单概率的提升自然会有帮助。衣着整洁得体也是提升自信的方式之一，所以，每天出门前一定要检查自己的着装。

3. 爱上自己的工作

我曾经以企业心理顾问的身份参加过一家国企的员工心理状态评估。其中一项——员工对于工作的满意度，数据调查结果显示，85%的员工对于目前的工作持不太满意的态度。如果将这个项目调查放到民营企业的销售团队中，相信大多数销售员会表示工作太累，压力大，经常会有负面情绪产生。

能够从事自己所热爱的工作，并且接连得到好的反馈和结果，这是人生幸事，但绝大多数人是出于生计而谋求工作的。如果你没能从事自己热爱的工作，就需要精进自己的本职工作，毕竟没有人喜欢失败的经历，一旦你在工作中感受到了更多的成功体验，你就会逐渐"爱"上现在的工作。

或许你从事销售工作是希望有朝一日能在大城市安家置业；或许是想通过销售工作快速积累财富，实现更多人生梦想……总之，当你有了更多能"爱"上当前工作的理由，将厌恶工作的负面情绪排除，你就会发现自己的销售工作开展得越来越顺利。

4. 相信自己有能力与客户结成同盟

你也许有过这样的经历：当销售员劝你购买一件新产品时，你往往会犹豫不决，但当身边的朋友向你推荐某个新商品时，你会更容易对这件商品产生兴趣。这就是人际关系远近所造成的差异。人际关系越近，双方建立的信任感就越强。

作为销售员，你应该如何与客户拉近距离，建立信任感呢？

首先，你要对整个销售流程非常熟悉。对于客户的疑问，能够详细地进行解答。你说得越明确，客户心里就越有底。

其次，你要试着与客户建立良好的人际关系。只要客户觉得你是一位可靠的销售员，在你这里购物是安全的，客户就会放心下单。

与客户的结盟也是从第一单成交开始的。至此，你收获了一名同盟军，接下来就是维护关系了。只要这位盟友愿意介绍客户给你，那么新客户的购买意愿会更加强烈。必要时你可以给予客户一定的返点，来鼓励老客户帮你介绍新客户。

5. 让潜意识与你协同作战

什么是潜意识？我们能察觉到的是意识，如我们的语言是经过大脑组织之后通过嘴巴表达出来的。潜意识就是那些我们不曾意识到、不自觉的思维和活动。

如果你对心理学有些了解，那么你可能听过一个理论：冰山理论。如果把我们的内心世界划分为意识和潜意识两部分，那么意识就像浮在水面上的少部分冰山，真正的庞然大物则是处于水面之下的潜意识。同时，潜意识又常被人称为"右脑意识"。右脑偏爱图像，所以你可以将自己的人生目标通过想象场景或绘画的方式每日呈现出来。当你将自己的目标输送入潜意识中，潜意识便会一起发挥作用，推动你达成目标。

> **案例分享**
>
> 被称为世界上最优秀的女子撑杆跳选手之一、女子撑杆跳世界纪录保持者——伊莲娜·伊辛巴耶娃，起跳前总是用毯子蒙住头，给自己创造一个独立的空间，然后在脑海中将每一个动作、每一个细节要领都过一遍。这就是协同潜意识作战的形式之一。

举一个很现实的例子，如果你希望通过自己的销售工作，实现在北上广买房，那你就把自己的梦想之家以图片的形式具体呈现出来，并且天天看，时时看。如果你希望实现自我价值，成为炙手可热的销售总监，那你就想象升任销售总监之后的样子。这种成功的意向会有助于提升你整个人的精气神。

6. 发挥声音的魅力

声音是每个人独有的资源，也是体现个人魅力的主要渠道之一。销售员在与客户沟通时，说话的音质、频率、语调、语气与停顿，将综合打造出个人形象。

以接听电话为例，当你接到一个陌生来电时，对方吐字不清，但嗓门很大，这个时候你很可能会皱起眉头，反感地挂断电话。而当你接到某公司客服人员来电时，对方轻柔的嗓音和标准的普通话会让你感觉非常悦耳，你会因此而认为对方很专业。

据统计，在电话沟通中，声音占沟通效果的90%。同理，在面对面沟通时，优美的声音也会起到锦上添花的效果。

接下来我们就介绍几个声音训练技巧，帮助你有效提升成单概率。

（1）中档语速，清晰且高效。语速太慢，浪费彼此的时间；语速太快，对方听不清楚。唯有中档语速，才能实现最优沟通效果。很多推销人员生怕客户拒绝，所以推销产品时会加快语速，以为只要说完了自己的"台词"就会收到不错的效果，实际上客户很可能因为跟不上你的节奏而一句话都没听进去。

有一些性格不紧不慢的销售员，说话时慢条斯理的。在当今这个快节奏的社会里，这种慢条斯理会显得不合时宜，大部分客户根本没时间听你磨叽，婉拒之后转身就会离开。

由此可见，中档语速是较为合适的，既不耽误客户的时间，也能让客户的反应速度跟上你的说话节奏。

（2）别让普通话成为你的硬伤。讲普通话看上去是一件很简单的事，但有很多销售员做不好。咬字不清晰、发音不标准、语句之间没有合适的停顿……这些都成为销售人员与客户交流的障碍。

我建议销售人员心中要有一个梦想，就是主播梦。尤其是在自媒体时代，你想成为销售领域的 IP，成为培训师，讲普通话、做主播都是必修课。下班以后可以对着镜子练营销话术，或者用手机录下自己的声音，再对比新闻里的主播，不断练习以提升自己。

（3）将语调放低、放柔和。当一个人情绪失控时，其嗓音往往是尖锐和刺耳的。即使是路过的人，都会对这样的声音避之不及。可想而知，客户面对嗓音尖锐的销售员时会是怎样的态度。

销售员的工作目的是通过与客户交流，让对方产生消费兴趣。换位思考一下，如果我们是客户，我们会更信赖说话声音柔和舒缓的销售员，还是嗓音尖锐刺耳的销售员？前者会让人产生信赖感，后者只会让人产生厌恶感，我们自然会选择前者。此外，那些声音尖细或是语调平淡、显得有气无力的销售员，同样会让客户很快失去兴趣。

例如，销售员对意向客户进行鼓动，说："我建议您今天就去门店看货。"
用低沉而有力的声音说这句话，会产生权威感。
用尖锐刺耳的声音说这句话，会使人感到被胁迫。
用有气无力的声音说这句话，客户会认为你缺少底气。

每一种技能的精进，都是对自己的再投资，如果你不肯下功夫，就不要羡慕别人的富裕生活。

◎ **本节思考**

（1）你认为自己是一个有魅力的人吗？为什么？

（2）面对客户的时候你是否总是充满自信？

（3）写下最近发生的能展现你自信的 3 件事。

第二节 发展固定客源应具备的关键素养与能力

现在越来越多的商家已经认识到，"一锤子买卖"不是健康的发展路线。例如，之前媒体报道的以送鸡蛋吸引老年人到现场听课，并趁机煽动这些老年人以高价购买无品牌的保健品。虽然这样的会销模式每次都能挣到钱，但不健康的发展路线注定了这些商家只能打一枪换一个地方。在被新闻曝光之后，即使换地方他们也很难再挣到钱了。

健康的营销方式可以提高顾客的回购率。当顾客信任你之后，不但会再次光顾你的生意，还会推荐他的朋友来你这里购买商品。

人这一生都在做一件事，那就是做人。你想成为什么样的人，你就能变成什么样的人。

案例分享

战国时代的苏秦，一心想做一番大事业。先跑去第一大国秦国，跟秦王说："大王，现在秦国国力最强，何不赶紧趁此机会一统天下？"

虽然苏秦学的是纵横游说之术，但依旧没有把秦王劝说动。秦王挥了挥衣袖就把苏秦给打发了。

但苏秦一心想扬名立万，心想：秦王不听我的建议，那我就找其他方法成就自己。于是，苏秦跑去游说其他六国，最终成功地让六国结成同盟，并执掌六国相印。

● 案例解读

这就是信念的力量，它就像是你自带的导航系统。只要你的信念坚定，这套导航系统就会把你精准地带到目的地。

要成大事并且长久地维持下去，不仅需要坚定的信念，还需要具备优秀的品质。每行都是如此，做销售更是如此。销售人员除了须具备过硬的业务能力之外，还要有维护客情关系的能力，更要有能得到客户认同的人品。

销售工作总体上来说，就是不断地、持续地跟人打交道的工作，以下两点可以说是销售人员必备的素养与能力。

1. 被客户称道的人品

人品是销售员的生命力。前脚刚做成生意，后脚就变脸奚落人，这样的销售员很难拥有长期的、固定的客源。销售员要保持长久的客源，人品永远放在第一位。我们都喜欢那些做事稳当、胸怀坦荡的人，也喜欢跟这类人打交道，没有哪位客户愿意与奸诈狡猾的业务员维持长久的业务关系。

案例分享

某衣服专卖店有两位销售员：一位年纪大，资历深；一位是刚踏入社会的年轻女生。

一天，老销售员卖出衣服后，面露鄙夷地跟年轻销售员聊天："这种人我一瞧就知道他没什么钱。你看,挑了这么久才买了一件。要是天天都遇到这样的客人,我可要累死了。"

年轻销售员没说什么,依然每天勤快地接待客人,推荐客户服装搭配。遇上客流不大的时候,还愿意多拿几套衣服给客人做搭配选择。

没过几个月,年轻销售员就拥有了自己固定的客人。那些客人不但信任年轻销售员给他们推介的服饰,还愿意带朋友一起来购物。

又过去几个月,年轻销售员跳槽去了一家高端服饰专卖店,原先跟着她的客户也会经常去她那里看看有没有合适的服饰。这位年轻销售员可谓是自带流量跳槽。

而那位老销售员呢?依然日复一日地在那家小服饰店里做销售员。

● 案例解读

嫌贫爱富或许是人性劣根性的一种体现,然而没有人愿意被别人嫌弃。所以,作为销售员,需要以专业的态度,对待不同经济实力的客户。即使今天接待的客户没有对应的消费实力,也不代表他们明天没有这个实力,更不代表他们身边的人没有这个消费实力。

尊重客户,是发展客户群的一个宗旨,也是所有销售员需要谨记的原则。

2. 掌握高端商务礼仪

如果你希望自己的销售之路越走越远,那么你所接触的人群质量也要随之提高。之前你接触的是小型商铺老板、小渠道商,跟他们对话的时候,你也许没有太多需要顾及的。但之后如果你去跟企业营销负责人面谈,不经意间跷起了二郎腿,或掏了掏耳朵,这种小动作势必会引起高端客户的不良感受。

每个人都有一些小动作,也许自己并没有留意,但某些动作的确会给客户造成不良感受,你需要尽快改掉。

除了这些不适宜的小动作之外,过分刻意的行为举止也会引起客户的反感。

培根说过："礼节的举动自然才显得高贵。假如表面过于做作，就丢失了应有的价值。"

案例分享

晓红是一位大大咧咧的销售员，某次接待了一位客户，自我感觉还不错，于是兴冲冲地为客户递了两瓶水，并且说道："我们店里的水跟其他店的不一样，是进口饮用水，一般我们都不拿出来给客户喝的。"

客户笑盈盈地接过水，又聊了一会儿，说："我们今天先看看，回去后考虑一下。"

案例解读

有经验的销售员都看得出来，这一单丢了。那么晓红的热情接待失误在哪里呢？她给客户递水，自然能增加客户对她的好感。但晓红强调了这水的珍贵性，潜台词是一般客户她还不给呢。这无形之中就加重了客户的心理负担，仿佛喝了晓红的水，就一定要在这里买东西。购物是情感冲动的产物，如果客户感到有负担，则会更倾向于"逃离"。

◎ **本节思考**

（1）你的人品怎么样，很难从别人的嘴里得到真实的答案，所以你可以记录最近与人共事时他人的反应，这样可以从一定程度上反思自己做得怎么样。

（2）你有哪些不良的小动作？请列举出来。

（3）每天进行相应的话术练习，把效果比较好的话术摘录出来。

第三节 幽默还是没教养？
你的情商决定了分寸感

幽默是人际交往中一项非常出彩的能力。一则笑话、一段小品，都能让我们内心愉悦，这种愉悦感甚至可以扫除我们的疲惫，使我们得到精神层面的放松。

每年除夕夜，央视春晚一定会百里挑一，选出最能逗乐老百姓的小品。而那些表演到位、浑身都是喜剧感的演员，也更容易得到大众的喜爱。

如果一个人可以在人际交往中发挥幽默的特长，那么他就更容易获得好人缘。同理，一位具有幽默感的销售员，也更容易吸引更多的顾客。

如何才能成为有幽默感的人呢？

幽默感也分为两种：一种是人格自带的特质，另一种是后天刻意练习的。

当你和自带幽默特质的人相处时，你会觉得很轻松，心情会因为他的感染而变得愉悦。这种人格自带的幽默感具有稳定性。通俗地说，你会认为这类人属于乐天派，内心阳光，充满了正能量。遇到挫折和困难时，这类人可以开个玩笑就过去了。

案例分享

我曾经就职于房地产企业，因为相关政策调整，二手房交易低迷。房产经纪人业绩难做，所以经常会凑在一起吐槽，越说越郁闷。

有位女同事说："你看，这几个月的经济大环境不好，这店铺一天也没进来几个人，我自己的消费水平都下降了。以前我还舍得去美容院做个精油开背呢，现在我就在商场拐角那里的按摩椅上投币按摩。唉，真是越活越不得劲。"

王力是销售部的活跃分子，同事聊天他都喜欢插一嘴，这时他顺着话题就说："姐，您一直是花钱去按摩的？"

"对呀,不然呢?"这位女同事没好气地回应道。

"我从不花钱去按摩。我按摩是对人吐口水,然后就会有十只拳头同时帮我敲背。"王力说完,同事都被逗得哈哈大笑。

● 案例解读

王力这种幽默的应对方式,使得原本沉重、低迷的聊天气氛一下子变得活跃了。但人格特质养成的过程漫长,而且涉及因素众多,会受到遗传因素、成长的环境及兴趣偏好等影响。当你发现身边具有幽默特质的朋友时,就好好珍惜跟他的友谊吧,这类人真的是可遇而不可求。

如果你想后天养成幽默感,那么可以多收集属于自己的幽默素材。同时,当你想通过幽默感来获取客户好感时,一定要把握尺寸。尺寸过大,幽默便成了油嘴滑舌的低俗语言。

案例分享

李勤飞是一名保险推销员,现在大批全职太太也出来推销保险了,他觉得该提升一下自己的销售水平,增强自己的竞争力了。于是他就一心想在客户面前表现得与众不同,给客户留下独特的印象。

某天他约了李太太,向她推介一个险种。李太太接触过不少保险业务员,拿着资料漫不经心地说道:"行,这资料我就先带回去看看,有需要再联系你。"

李勤飞这个月还没开张,有些心急了,对李太太说道:"那行,您回去慢慢看。有什么想问的您给我打个电话,我就盼着您多给我一些为您服务的机会呢。"

这话李太太听着还算舒服,李太太笑着说道:"我的时间没准,也不知道什么时候才有空。"

李勤飞这时开玩笑道:"那我就天天去您家门口等候您。"

至此一别后,李太太再也没联系李勤飞。

● 案例解读

幽默要恰当,李勤飞以为自己说的是句玩笑话,但客户会听出不一样的意思。李太太没有明显的购买意愿,李勤飞却说要去李太太家门口天天守着,这话存在一丝胁迫意味。没有客户会选择把生意交给一位让自己没有安全感、会威胁自己的销售员。

此外,如果李太太是一位年轻女性,男性销售员说要去她家门口天天等她,就蕴含了些许性暗示,也属于不恰当的幽默表现。

那么幽默的尺度应该如何恰当地掌握呢?你可以从以下几个角度考虑。

1. 判断客户的性格类型

在跟客户见面时,先做寒暄。初步判断客户的性格,是属于内向类型还是外向类型。

对于性格外向的客户,销售员说话的节奏可以明快些,适当加一些无伤大雅的笑话,活跃一下谈话气氛。

对于性格内向的客户,销售员说话的语调需要柔和些。在表现幽默时,要选取较为安全的笑话。只要能锦上添花就好,千万不要弄巧成拙。

2. 语速不能太快,要留给客户反应时间

说话不要太快,一方面是为了表示对客户的尊重;另一方面是因为令人发笑的往往是"包袱","包袱"抖出来后,客户需要一定的时间做信息处理。

人们在接收信息的时候,先由耳朵将信息输送至大脑的神经中枢,再由传出神经将反应的信息返回到外周效应器,这个过程需要一定的时间。销售员的语速如果太快,可能会导致客户没有接收到这个"包袱",或者来不及领会这个笑点。所以,控制语速也是提升幽默效果的一个细节点。

对于幽默感的应用，销售员可以通过给自己备下几个笑话来应景使用，也可以通过阳光心态，自然呈现出自己对世间事的所思所感。

若你想提升自己的幽默感，那就从上述几点开始尝试吧。

◎ **本节思考**

（1）你是一个幽默的人吗？随机问问身边的人，并记录答案。

（2）分析客户性格，并记录每个人的幽默指数，以及能接受玩笑的尺度。

第五章 高情商攻心话术

没有攻不下的客户，只有没技巧的话术
在沟通中做局
灵活改变营销话术
遇到"杠精"客户时该怎么办
90%的销售员不知道的"逼单"话术

第一节 没有攻不下的客户，只有没技巧的话术

销售工作和管理工作有类似的部分，作为管理者，需要向下属销售他的理念和观点。下属买单之后，他的执行力和任务的完成质量都会大幅提升；如果下属不买账，仅仅是简单地执行，那么管理者就会很操心。相较而言，销售工作则更加直接，销售员要通过语言实现客户买单，以此来提升自己的业绩。

不论是当管理者还是做销售员，掌握一套成熟的语言应用技术非常重要。销售工作既是一个商品推介的过程，也是一个给客户"下指令"的过程，那么如何通过语言来实现自己的指令被对方接受呢？

1. 通过对方的反驳观点来发出指令，使对方"服从"

我们在面对客户的消费顾虑时，会很自然地想去打消客户对商品的各种质疑，但有时这份急切反而有可能影响到我们与客户的沟通。所以，我们需要掌握一些应对客户提出反驳观点的销售处理技巧。

例如，不对客户的反驳进行反驳，用附和与指令引导，转移客户的关注焦点；避免客户反驳，用"陈述事实"最有效。我们来看看下面的这个案例。

案例分享

你是一名房产中介，今天还差带看数（房产中介的工作考核指标，每天需要带一定数量的客户去看房子），正好有位客户路过门店，在看贴在橱窗上的楼盘信息。作为销售员的你，一定不会错过这个机会，于是上前向客户介绍楼盘。

你："先生，看看楼盘吗？"

客户："嗯，我就随便看看。"

你："我们这个楼盘现在搞预售优惠呢，您进来看看这沙盘。（把客户带领到

楼房的沙盘展示区。)先生,您看我们这户型,前后无遮挡,采光好,通风佳。您再看看这周边的配套设施,都是跟开盘一个时间开的,所以不存在客户入住,周边设施还在建造中的情况。"

客户:"好是挺好,不过也就看着好。我的朋友跟我讲过,这个楼盘的质量都有问题。"

你:"您朋友从哪儿听来的呀?我们这楼盘质量能有什么问题?预售现在可火爆了。"

客户:"你们做销售的,肯定什么都说好。我朋友说的,那肯定是内部消息。"

你:"唉,先生,话可不能这么说。您说朋友有内部消息,说我们楼盘质量不好,您倒是给我说说,内部消息都说了些什么呀?"

客户:"我犯不着跟你说那么细。"

● 案例解读

对于客户提出的异议,相信很多销售员的第一反应就是辩驳,这也是人之常情。不过,我们要把自己的销售技能与销售情商再提高一个层次。

可应对话术:"我不知道您的朋友为什么会这样说(陈述事实,这个你确实不知道),毕竟今天您来到了我们的现场,眼见为实(暗示客户跟着你去现场看房)。我同意,买楼的确需要慎重,让我带您仔细地看一圈(向客户发出指令),毕竟自己的所见所闻才是最可靠的(强调共性,大多数人包括我们自己都认同这一点)。"

关键点:在应对客户提出的负面观点时,销售员的第一句回复一定要是附和或是陈述事实,如果销售员直接进行了反驳,那么将失去这个客户,因为销售员的反驳会在第一时间影响客户的心情,破坏客户对销售员的印象。

2.通过事实来激励下属、客户、自己

案例分享

销售主管发现最近楞楞上班时很萎靡,就让助理把楞楞的外呼数据都打印了出来。果不其然,楞楞的有效电话外呼数一天不如一天。还有长时间离席的记录。

销售主管就找到楞楞谈心,想要帮助他调整状态。毕竟,每一个电销客服都需要在岗位上发挥价值,不然就是主管的工作没有做到位。

楞楞看到自己的工作数据都被拉了出来,也没有找借口,直截了当地跟主管说:"打陌拜电话太难了。"

销售主管:"难在哪里呢?这里只要是通过面试,经过岗前培训的电销客服都知道,你只要登录工作账号,点开系统外呼,开始通话就可以了,不是吗?"

楞楞无力反驳这点,但依然坚持道:"但是客户一听到是推销电话就挂断了。这陌拜的成功概率实在太低了。我一天打100个电话,其中大半是无法接通的。剩下接通的,也马上挂了电话。这一天等于什么都没干成。"

销售主管:"我知道你的问题所在了。你愿意听我说说吗?"

楞楞点头:"那肯定愿意啊。"

销售主管指点楞楞道:"就是因为你的想法,才会让你觉得打陌拜电话很难。你看我们电销中心这么多客服,大家的工作程序都是一样的。为什么业绩不一样?这跟你内心想法有关。"看到楞楞没有反应过来,销售主管继续说:"就拿你说的数据来举例。你一天打了100个电话,70个无法接通。剩下30个接通的电话,所有人都没有给你说话机会,直接挂断了吗?"

楞楞有些不服气的回应道:"基本都挂断了,没有给我说话机会"。

销售主管:"好。那么第二天、第三天,你依然打了100个电话吗?每一天的情况,都是相同的吗?"

楞楞没有说话。

销售主管:"销售也讲概率,你外呼的客户数多了,通话概率就高,愿意跟

你说几句的客户才会出现。你也看到你的外呼工作报表，数量是一天比一天少。你是自己把自己的机会给削减了。"

楞楞心虚地低下了头。

销售主管拍了拍楞楞的肩膀，说："不要把眼前的挫折看成失败。所有你的付出，都不会是没有价值的。你说一天打了100个电话，什么都没干成？我看你干成了一件事。"

楞楞没明白，好奇地问道："我干成了什么事？"

销售主管："你成功地把自己定义成了失败者。"

楞楞："啊？"

销售主管："如果你认为每天都在做没有价值的事，那么你就会让自己成为一个没有价值的人。同样，如果你认为某件事很难，那么这件事对你而言就会真的很难。相反，如果你觉得这件事你能做成，那你就可以做成。这就是信念的力量。我相信你这段时间已经感受到信念对你造成的影响。好好想想我跟你说的这些话。"

楞楞若有所思，随即跟主管说道："谢谢主管，我会继续努力的。"

● 案例解读

对于有思想包袱的下属，销售主管首先采用澄清的方式，帮助员工看清真正让自己烦恼的事。就像楞楞烦恼的不是打电话难，而是在电销这件事上遭受的打击，影响到了他的工作士气。

其次，销售主管使用了工作数据，从事实层面让员工看到自己的工作表现情况，帮助员工从自身找问题。

再次，销售主管利用幽默的方式，柔和地指出员工心态失衡的关键。

最后，销售主管指出员工内心信念不合理的部分，帮助其纠正。

这个方法对于客户也一样适用。销售员会遇到很多"喜欢"吐嘈自己的失意人生的客户，这时销售员如果能恰当地运用事实去激励客户，则会大大提升客户对销售员的好感度。因为在我们从小到大的成长经历中，会鼓励我们的通常是父母、师长、关系亲密的好友。只要销售员对客户的激励引起了客户的共鸣，或唤起了客户的情绪，这种情绪模式便会促使客户把当前销售员与之前激励他的人联系到一起，从而产生爱屋及乌的效果。

高情商话术技巧

◎ 本节思考

总结你平时经常用到的销售话术，分析其中的技巧，并保留效果较好的话术。

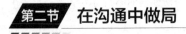

第二节　在沟通中做局

不论是做企业管理或是做产品营销，最大的工具就是语言。而语言经过话术的包装，就像是给工具包做了升级，你可以快速定位对方的关注点，从而引导对方进入你想要谈论的话题中。

推销过程中容易出现的负性情况有以下两种。

（1）客户一听到与推销相关的话语，立马会关上心门，拒绝销售员继续说下去，以防自己"上当受骗"。

（2）在销售员的长篇描述中，客户在30秒之后就会丧失对销售员的注意力。

由此可见，掌握一些语言技巧，吸引或重新获取客户的注意力，对于销售员来说格外重要。

案例分享

销售员："您好，家长，我们现在有个高三学生的冲刺班。老师特别好，您要不要进来看看？"

家长："不用了。我就看看你们的海报，先了解了解。"

销售员："没事，您进来我给您详细介绍一下。报不报班，都没关系。"

家长："今天忙，下次吧。"

案例解读

这是销售场景中经常出现的一幕。客户表现出了一定的兴趣，但存在更多的犹豫。这时销售员越是竭力想把客户拉进来，客户会越不敢进去。

对于这样的情况，我们可以使用话术技巧，激发客户对商品的消费渴求度。

案例分享

销售员："您好，家长。我们现在有个高三学生的冲刺班。老师特别好，您要不要进来看看？"

家长:"不用了。我就看看你们的海报,先了解了解。"

销售员:"行,那您先看看。这是我们刚出的海报,您有没有发现,海报上的这个学生是哪个学校的?"(通过"有没有发现",来引起客户的关注。)

家长:"哪个学校?长海中学吧,这学生带着校徽呢。"

销售员:"是呀,就是我们附近的长海中学。这位学生在学校上个月的模拟考中,排名年级前五,就是在我们这里报的班。这次模拟考成绩,排名进了全市前10%,他进清华、北大的希望可大着呢。"

家长:"这学生的底子本来就好吧。"

销售员:"我们这里会先让孩子做个测试,然后匹配相应的课程和老师。孩子底子好的,就不用再巩固基础了,直接由老师带着做难题解析,难题都是大分题。要是测试发现孩子需要查遗补漏,我们的老师就帮着孩子针对知识薄弱环节进行强化。这样孩子不但分数能提高,对学习也会更有信心,您说对吧?"(设置提问。)

家长:"嗯,也是。你们这里收费高不高?"

销售员:"我们有不同的班制,大课班、集中班、一对一课程,您可以进来实地看一下我们的教室。(将客户引入消费场景中。)您看,我们的教室里投影设备、话筒、互动电子屏都有。假设您的孩子坐在里面上课,老师会一直关注您的孩子,带着他做题,孩子也可以通过互动电子屏画出自己不理解的地方,这样学习效率会很高的。我们有学生说,来这里上一小时课,抵过自己在家复习3个小时。"

家长:"你们一对一的课程肯定很贵吧!"

销售员:"您看,大班课一个老师带十个学生。一对一的话,老师全部注意力都集中在孩子一人身上,那效果肯定不一样。不过您还真别说,我们这里的家长都倾向于报一对一课程。因为什么呢?家长认为,既然报班,就要下决心苦学、实学,学出效果来,否则还不如不来。您看是不是这道理?"

家长:"对,的确是这样。这样,你留个微信给我,我回去跟孩子说说这事。"

销售员:"好咧。"

这位销售员很好地引导了客户的思维,这就叫作在沟通中做局。

以下4种效力递进的话术,可以灵活套用到企业领导与员工的沟通中,更可以套用到产品销售的过程中。

1."你有没有发现"

作用:快速捕捉对方的注意力。

示例1:"你有没有发现,我们都在加速完成任务,因为我们希望获得到的更多。"

示例2:"你有没有发现,来这里健身的人越来越多了,因为大家越来越重视身体健康,出色的外表会让人看上去更有魅力。"

"你有没有发现"这个短句,会让对方在最短的时间内将所有注意力聚集到你所要说的下半句话中,其中蕴含的心理机制如下。

(1)"我的天哪!是我错过了什么吗?我一定要留意听一下什么是我遗漏的。"每个人都生怕自己错过能获益的事情,所以只要对方煞有其事地说"你有没有发现",几乎所有的交流对象此刻都会屏息凝神听下半句话。

(2)"我不会比别人差!你能发现的,我怎么可能没发现!"出于这样的竞争心态,对方一定会认真听你说下半句,以便接着这个话题表现出自己比你更具观察力的一面。

销售员可以用这类话语来吸引客户的注意力,让客户愿意听你说下去。

2."对不对"

作用:即时获取你想要的信息。

在与人沟通的时候,重要的不是你说的内容,而是对方所持态度或观点的反馈，这才是更有价值的内容。

有难度的沟通不在于问题本身多复杂，而在于对方不配合的态度，其中最不配合的一种沟通态度就是不给反馈，因为这几乎等同于拒绝沟通。

要使自己的沟通更具有说服力、更有效率，就需要让自己表达的语言切中对方的价值观，符合对方的情感需求。这些关键信息我们可以从对方的反馈中获取到。

使用"对不对"这样的句式可以帮助我们获取到这类信息。

示例："现在你所接触到的这些难题，并不是所有员工都有机会去应付，当你解决了这些难题之后，你会受益良多，那种成功的感觉真的棒极了，不是吗？"

人们会出于本能对问题进行应答，尤其是对"是不是""对吗""不是吗"这样的封闭式的问题，人们都会习惯性地进行简短应答。

3. "假设……"

作用：把对方带到你想要引导的话题中。

当你的员工向你抱怨某项任务的开展难度高，他又缺乏资源支持时，你便可以使用这样的话术。

示例："因为在这样的情况下完成任务，你的执行力会得到大大的提升与证明。假设你花更多的时间在与供应商打交道上，那结果会怎么样呢？"

健身卡的推销员便可以用这类假设性的话术。

示例："你今天会来体验我们的健身器材，看场馆环境，说明你也非常关注身体健康。假设你在我们这里进行了一个月的健身，你的体格会发生什么样的改变呢？"

为了更好地引导对方，还可以加一句"我们这里的会员在健身一个月之后，多数体内的水分含量会升高，体脂率会下降等"。

只要对方回应你假设类的话题，他的潜意识中就会把假设的场景先预演一遍，以便得到可以反馈的信息。所以，这类话术可以很好地把对方带到你想要引导的话题中。

4."除非你想要，否则就不要……"

作用：高效沟通，筛选沟通对象的质量。

这是一种沟通态度较为强势的话术，所以放在第4层，一般温和的沟通方式是不需要用到这样的话术的。

例如，你的下属跟你抱怨任务难以完成，你用"假设……"的形式跟他沟通之后发现，他完全拒绝想象假设的场景，这时你就可以选择第4种沟通的句式。

效力递进的 4 种话术

◎ 本节思考

在与客户沟通的过程中，使用文中介绍的话术技巧，并记录使用效果。

第三节 灵活改变营销话术

有些销售员对待自己的工作非常认真，在拜访客户之前会做充分的准备。他们会将所有的产品资料准备好，把所有的产品卖点通背一遍，以确保自己做足了应对准备之后才出发去拜见客户。

准备工作都做到位了，销售员在面向客户介绍自己的产品卖点时，自然会充满激情与自信，与客户侃侃而谈，但对方的反应却有可能出乎销售员的意料。

案例分享

销售员汪东要去拜访一位有意向采购大型打印设备的公司的行政人员。在出行前，汪东再一次翻阅了产品介绍资料与功能设置详情。

在见到客户后，汪东积极表现，将设备的优势与功能都向对方做了介绍。谁知对方没有兴趣，直接对汪东讲道："你说的这些功能我们都无所谓，我们部门获批的经费有限，所以最重要的是价格便宜。"

"价格便宜？"汪东心里一阵紧张。因为自家公司的设备质量过硬，功能十分人性化，所以价格并不便宜。可偏偏这位客户并不在意设备质量与功能，只看中价格。

怎么办？自己准备的产品资料和话术，似乎都不对路。汪东只能硬着头皮，再次向客户强调自家设备的功能优势。客户敷衍了几句后，就打发汪东走人了。

案例解读

原以为背下来的商品功能足以打动客户，没承想客户根本不在意商品的功能有多好，这让销售员有些措手不及，完全打乱了销售员拜访客户的营销策略。这样就很容易影响到销售员的临场发挥，因为客户对于产品功能的满不在乎,会让销售员联想到签单失败这件事,从而打击到销售员的推销工作状态。

有经验的销售员此时并不会慌张,反而会觉得这是一个更好地了解客户的机会。

从客户的表述来看,客户在意的是完成上级分配的任务,采购一台在预算范围内能正常使用的打印设备。

销售员原来的营销话术更适合个人用户或老板,这类客户群很在意性价比。但对于负责采购的员工,销售员要明白当前客户在意的是什么,从而灵活套用自己的营销话术。

例如,销售员可以告诉客户:"我们这里也有价格相对实惠的产品。像您负责采购的一定明白一分价钱一分货的道理,您是为公司采购,如果老板和同事一看,机子台型不好或者三天两头地卡纸,他们也会对采购有意见的。不如您跟我说一个预算范围,我帮您挑选既符合预算要求,功能又比较好的产品。"

这样的营销话术,不但贴合了当前客户的需求,还点出了采购人员的恐惧(害怕回去之后被老板和同事质疑工作能力)。

人往往越渴求成功,就越容易遭遇失败,这让很多销售员败在了报价这一环节上。因为他们实在太想成单了,很害怕遭到客户的拒绝,这份恐惧会让销售员表现得不自然。而客户是非常敏感的,他会感知到销售员介绍商品时的状态和报出商品价格时的状态有明显的差异,落差太大,客户就会对商品价格持更大的怀疑态度,很有可能导致签单失败。由此可见,做销售一定要保持前后态度、状态的一致性。

◎ **本节思考**

面对客户时,有意练习应变能力,将每一次的不足之处写下来,并做出相应的改变。

第四节 遇到"杠精"客户时该怎么办

销售员会面对各种性格的客户，但不论是什么样的客户，销售员只要保持专业的态度及强大的内心，总能收获经济利益或是成长经验。

如果你正在从事销售工作，那么相信你一定遇到过"杠精"客户。如果你是新手，或许这些棘手的客户会引燃你的愤怒；如果你是"老手"，那么你可以参考下面这个案例，看看是否能得到新的启发。

案例分享

王杰是一名保险销售员，做这行也有七八年了，经验丰富，手上也积累了一定的客户资源，这也代表王杰经历过各种客户的"挑刺"，但他依然对这类"杠精"客户感到头疼。因为王杰向这类客户推介商品时，他们总能把王杰推介的商品从头至尾地挑剔一遍。虽然王杰最终能够攻单成功，但攻克"杠精"客户常常让他感到身心俱疲。

最近王杰与顾太太互动良好，双方已经初步达成了保险购买意向。王杰自然很高兴，顺利地跟顾太太约定了时间，准备当面签约。

谁知事情出现变数。顾太太说自己的老公认为她被保险经纪人哄骗了，质疑此次所要购买的保险。王杰得知此事后，心中一沉，觉得这张保单要黄了。

为了保住自己的这单生意，王杰提议顾太太可以把老公带来，一起看看合约再决定。如果有疑问，王杰可以当场向夫妻二人解答，反正最后是否签约还是看二位的决定。所幸之前王杰跟顾太太聊得还不错，顾太太对王杰还是很认可的，所以成功说动老公一起与王杰见面。

顾太太的老公就属于"杠精"客户，见面之后先是向王杰表达了一番对于保险业混乱现象的不满，然后又对合约中的细节条款不断提出质疑，言语间还抱怨顾太太容易轻信人，要不是自己早一步发现，顾太太可能就稀里糊涂地签了这份保单了。

接下来我们看看，王杰是如何实现签单的。

好在王杰在这次见面前，咨询了公司中的营销培训专家，掌握了与这类客户沟通的技巧。

王杰应道："是的，您考虑问题很全面，为您解答这些疑问也是我的本职工作。保险业的确存在您所指出的乱象，但保险是您为全家买的一份保障，这也是我们存在的价值。保险业能够发展到今天，行业是越来越规范了，您看我们的合约细则，每一项我们的经纪人都需要向客户解释明白。那些不靠谱的经纪人，现在行业内已经很少了，因为他们不具备专业知识，仅靠一些'旁门左道'是很难发展下去的。尤其是像您这样做学术研究、有文化的人，肯定能识破他们。"

在王杰镇定自若的解答下，顾太太的老公慢慢地放下了戒备，也不再挑剔了，而是开始认真地与王杰讨论保险事项，最终现场签单。

● 案例解读

在王杰的这段回复中，以下几点切中了"杠精"客户的心理需求。

（1）不与"杠精"客户抬杠。

"杠精"客户最喜欢跟他抬杠的人，这就像坐跷跷板一样，你来我往，非常热闹。我相信作为销售员，你的口才一定不逊于"杠精"客户，甚至能小赢一筹。但不要忘记，你的目的不是挑战"最佳口才奖"，而是要最大化自己的开单量。

抬杠赢了客户，代表你将失去与客户签单的机会，以及将来可能由他介绍给你的新客户资源，这样得不偿失。

所以在面对"杠精"客户的抬杠时，第一步要做的就是夸奖他。正如王杰的回应："是的，您考虑问题很全面。"

(2)适时地抛出客户购买商品所能获得的收益。

每个人都是利己的,这是我们生存的本能。王杰就在话术中点明了"保险是您为全家买的一份保障",不仅告诉了客户他所能获得的收益,还将客户的位置摆到了守护家庭的角色上。这与顾太太丈夫的角色定位相符,能够在心理层面很好地呼应与肯定顾先生在家庭中的地位和价值。

(3)满足客户的心理需求。

越爱"挑刺"的人,他的心理情感缺失得越厉害。就像爱挑丈夫毛病的妻子,实际上是在抱怨丈夫对她的关心不够,于是她通过抱怨的形式希望丈夫给予她更多的关注与回应。

客户对销售员也是一样,越爱"挑刺"的客户,越希望获得销售员的认可与关注。王杰的那句"尤其是像您这样做学术研究、有文化的人,肯定能识破他们",极大地满足了顾先生的虚荣心。通过这几句话术,王杰获得了客户的接纳。

销售其实是对心理学的应用,你对人性需求了解得越多,越能为客户提供他们所希望得到的服务,进而获得越多的业绩收入。

应对"杠精"客户的要诀

◎ **本节思考**

遇到"杠精"客户时你会怎么办?记录那些行之有效的话术。

第五节 90%的销售员不知道的"逼单"话术

销售培训总把"逼单"作为一个重要的环节,告诉销售员要懂得抓住适当的时机给客户施加压力,从而实现签单。

案例分享

保健品专区,一位销售员对客户说:"您好,先生,想看哪方面的保健品?"

客户:"随便看看"。

销售员:"好的,先生。左手边的是提高免疫力的,中间的是改善睡眠的,右边的是调理身体的,您对哪方面比较感兴趣?"

客户:"我自己看看吧。"客户向右边走去。

销售员:"先生,我看您对自我保养比较感兴趣。正巧,我们今天有营养师在,是中医专业毕业的,我让她出来给您看看。"

没等客户反应,销售员直接跑进去请营养师了。

销售员:"先生,这是我们的营养师,让她先给您把个脉吧。"(销售员已展开行动,大多数客户很难拉下脸,说出拒绝的话。)

客户:"呃,那好吧,给看看吧。"

营养师:"您有些气虚体湿,平时睡眠怎么样?"

客户:"睡眠不太好。躺床上好久都睡不着,早上很早就醒了。人总觉得很倦,但就是睡不沉。"

营养师:"睡眠这个问题要先解决,然后同步进行调养。我们中医是治未病,就是在身体出现疾病之前先做干预,提高体质,等病发出来,对健康的危害就已经形成了。"

客户："对，对。"（与客户形成互动，让客户意识到健康问题的紧迫性）

销售员："老师，他这样的情况是不是用A产品，改善睡眠？"

营养师："嗯，可以。调理的话，我给你写一个方子，我们这里主张食疗。你等下拿着方子，让工作人员帮你去柜台打粉，到时候当冲剂饮用就可以了。"

营养师把方子递给客户，说道："去吧。"销售员立马走到客户旁边，引导客户去商品专柜拿产品。

于是，一名原本进店转转的客户，买了一袋子保健品离开了。

● 案例解读

"逼单"的话，整个销售过程的节奏会偏快。因为在快节奏的带动下，客户大脑会来不及处理大量涌入的信息，容易被他人的思路带着走。

在某些销售场景中，"逼单"话术是很关键的，如上面这个案例，如果销售员不采取"逼单"行为，那么这一单99%不会成交。

下面介绍两种"逼单"方法，需要先正确理解其中的原理，再将其套用到销售场景中。只要你能灵活应用这两种方法，销售工作就会事半功倍。

1. 造成商品紧张的话术

为了便于理解，我们以卖商铺为例进行讲解。当销售员带着客户看过商铺之后，总是希望客户当场就能付定金。付定金的好处在于，人们一般都舍不得自己的利益受损，70%的客户在付了定金之后，哪怕购买的欲望有所减弱，最终也会因为付了定金而完成这笔交易。

为了达到这一目的，销售员可以组成小队，搭档合作。A角可以这样说："这三天公司搞了个打折活动，今天下单我还可以帮您多申请一些礼品。您要再犹豫，明天来可不一定有这么优惠了。况且这个商铺每天都有几十个客户来看，明天不一定还在。"

B角说："对呀，现在商铺的行情一天一个样，下手就得快、准、狠。我有个客户上次就是当天没定下来,第二天再过来问,哪还有这么好的位置等着他。他气得过来投诉,投诉也没用,谁先付定金就是谁的,不论谁先看的商铺。"

这种"逼单"方式是较为常见的,一般经过培训的销售员都可以做到。当然,为了实现最佳效果,建议销售员两两结对,以 A 角、B 角的方式运用这种方法。

A 角、B 角在应用这种话术的时候,还要注意一个细节,就是分别站在购买决策人(客户)的左、右两旁,也就是占据左声道和右声道,这样 A 角、B 角的话术会更好地作用于客户的左右脑,同时屏蔽客户获取其他信息的空间,这样客户的思路就很容易被销售员所影响了。

占据客户的左、右声道

在美国的监狱中,当犯人头领表现出很强硬的反抗态度时,狱警除了通过武力控制犯人外,还会派两个人同时凑到犯人的左、右耳旁,大声地呵斥,犯人强硬的态度很快就会崩溃。所以销售员在运用上述销售策略时,切记不要距离客户的耳朵太近,语音、语调要亲切,以免引起客户的反感。

2. 在初步沟通时就埋下成单的伏笔

有些语言的暗示是可以加入销售员与客户看似闲聊的话语中的。假设你带客户去看商铺,出发之前你就可以信心满满地跟客户说:"既然你来了这里,就一定能买到自己满意的商铺。"

前半句是事实性陈述,后半句看上去像是一句祝福的话,但实际上强化了客户需要购买商铺的这一信号,这是一种语言暗示。

当你带着客户来到商铺时，也可以使用同样的话术，此时务必注意一点，就是要迎合客户的想法或引发客户的共鸣，如"您感受一下，置身这间商铺中立马就有种当上了老板的感觉。"

不论客户的脑海中是否浮现出了自己当老板的形象，最起码他会因为你的这句话而感到愉悦，签单就离你更近一步了。要知道，想成单，就得先让客户"爱"上你。

> **心理学小贴士　为何客户高兴了，会更愿意跟你做生意**
>
> 人的大脑中有被称为"伏隔核"的神经元。大脑的前额皮质与伏隔核构成大脑的奖赏回路，大脑会通过分泌多巴胺来让大脑的主人感受到快乐和愉悦。如果前额皮质的信号输入多，就更容易开始工作并变得活跃。
>
> 也就是说，如果你在销售场景中多设置些激活客户大脑奖赏回路的互动，你的产品被选购的可能性就会更高。因为客户在心情愉快或兴奋的状态下，接收到的信息会变得更具说服力，这样就更容易促使客户做出购买决定。

◎ **本节思考**

（1）进行"逼单"练习，并记录哪些话术客户受用，哪些话术让客户反感。

（2）挑出客户反感的话术，改变营销话术；挑出客户受用的话术，精进练习。

06

第六章 | 所谓情商高，就是让客户愿意继续沟通

通过渐进式提问引导客户思维
这样提问让销售更轻松
精进提问，这几个问题你一定要知道

第一节 通过渐进式提问引导客户思维

世界潜能大师安东尼·罗宾说过:"成功者与平凡者的差别在于,成功者善于提出好问题。"

对于销售人员来说,在面对客户时能够提出好问题,可以得到什么好处呢?答案是,能够引导客户的思维。因为销售员的问题会引发客户的思考。当销售员把自己的营销话术设计成渐进式的提问时,就有可能推动客户买单。

渐进式提问是指每一个问题前后都具有关联性,环环相扣,形成递进。

案例分享

客户想购买空调。

销售员:"您随便看看,我们有大功率空调,也有小空调扇。您是给家里配空调还是……"

客户:"家里那台空调年限久了,现在制冷不行,来看看有没有合适的,换一台。"

销售员:"这天越来越热,空调不制冷的确是个问题,而且越是制冷有问题的空调,越容易出现漏水的情况。"

客户:"是啊。我那空调就在床头。晚上有时还会滴水,别提有多糟心了。你们这里的空调没这毛病吧?"

销售员:"那必须的呀。我们这儿的产品质量肯定有保证。您想,如果我们的产品质量不好,那也不可能有这么大的展区啊。没人买的产品,哪有钱设这么大的场子。"

客户:"呵呵,那倒是。"

销售员:"那我给您推荐一下产品,找个性价比最高的?"

客户:"行啊,你带我过去看看。"

● 案例解读

在这段看似随意的对话中,销售员完成了对客户背景信息、产品痛点、客户期望的摸排。由此可见,只要掌握了提问技术,销售员并不需要耗费很长的时间,就能获取到客户的关键信息。

销售界有个很流行的概念,叫作 SPIN 模式,即按背景提问、难点提问、暗示提问和需求回报提问的顺序逐步引导客户走到成交阶段。

1. 背景提问

要让对方选择购买你推荐的商品,你需要先了解对方,这样才能击中对方的购物需求。这类提问可以帮助你收集客户的经济与背景信息,算是销售过程中必有的一个环节。诸如"您之前使用的是哪类产品呢""您对我们的产品有过了解吗"等,都是非常简单的提问,新手销售员也能做好。

此处需要注意的是,不要像审犯人那样,一个问题接着一个问题地抛给客户,否则会让客户很不舒服。可以在客户给予答案之后,适当地做一些反馈。

例如,你问客户:"您之前使用的是哪类产品呢?"

客户:"A 产品。"

这时你可以回应:"我对 A 产品也略有了解。我平时对行业内的产品都挺关注的。"然后可以询问客户:"您对我们的产品有过了解吗?"这样要比你直接追问效果好。

2. 难点提问

难点提问是帮你了解客户现在的痛点,客户的痛点即你的营销卖点。

如果你推介的是网络搜索引擎的排名,那么你在背景提问阶段可以问客户:"您现在使用的网络营销方式有哪些呢?"

在难点提问阶段，你就可以询问客户："目前使用的这些营销方式效果如何？"

难点问题能够引导客户说出他的隐含需求。很多时候，除非客户已经有明确打算购买的东西，否则逛街就是随便看看。而很多店面的销售员看到客户时第一句话都是："想买点什么？"这种提问方式与阶段都不恰当。

在这个阶段，客户说得越多，对销售工作就越有利。尽量让客户倾吐苦水，这样可以让你了解到客户更多的痛点，从而提升你推销的成功率。

3. 暗示提问

"正如您刚才谈到的，目前您公司所使用的网络营销方式没能达到您的期望值。这样的情况如果持续下去，那么会对业务发展造成什么样的影响呢？"

客户和销售员心里都明白，如果网络营销效果一直不好，那么肯定会影响公司业务发展的速度。但使用暗示提问的方法，比直接说"您公司的网络营销一直没做好，这么下去公司业务肯定不行"要委婉，效果也会更好。

因为当你使用了暗示提问，对方会自愿将自己的注意力放到你所暗示的问题上，随后自发地展开联想。这样能在不触及对方尊严与面子的前提下，让对方意识到自己有可能遭遇的困境，让对方在心中默默承认自己的无力感或失败，以此来激发对方的购买意愿。

要让上例中这位公司老板意识到，再这么下去，公司的运营肯定会出现问题。若购买当前销售员的产品或服务，便能够挽救公司的败局。那么首先你要明白，对于公司是否会出现问题、会出现什么样的问题，公司老板比你更清楚。如果由你来指出这些问题，一是你对这家公司的业务了解可能并不深入，即使你说了，也有可能让老板看出你指出的内容过于肤浅或是过于夸张，这样不利于你的成单。二是，老板可以说自己的公司不行，但外人不能说。在老板看来，他才是那个有资格说自己公司不行的人，你凭什么这么说？你是对业务的了解比老板更清楚，还是在运营公司方面比老板更在行？如果你说了，就有可能触发老板与你的对立情绪。

因此，使用暗示提问不但能实现你的营销目的，还能避免上述风险。

4. 需求回报提问

如果你能让客户在以上 3 个提问阶段都配合你，那么到了第 4 阶段，客户的思路基本已经跟着你走了。

要做的关键一点就是，扩大能使客户兴奋的购物刺激。客户购物不外乎两个原因：追求快乐，逃避痛苦。

还是以上文中网络营销的案例讲解。老板的痛点是，公司现有网络营销手段落后，一直没能打开市场，业务发展迟缓，老板内心焦虑却无计可施。如果你推销给老板的网络营销方案能够解决他的痛点，使他摆脱痛苦，并实现快乐，那么十有八九该老板愿意掏钱。

这时你可以表现出一种积极为老板寻求解决方案的姿态，说："您看我们这套产品，已经有 ×× 家公司购买了。其中，×× 家的规模和经营方式跟您公司的类似。他们在使用了我们的产品之后，网络销售量上升了 ××%。如果是在您公司，这个数据表现可以吗？"

购物总地来说是一种情感冲动的行为产物，让老板兴奋起来，就更容易让他做出购买决定。

4 种提问方式

> **心理学小贴士**

销售心理学，让你更懂客户的消费心态

一个人的知觉、思想与情感组成了他当下的意识。意识有什么作用呢？它能够为你监控所处的环境，觉察你内部与外部的信息变化，并控制你及时做出适应环境的行为。

看到此处，你是否有所领悟？当你的营销话术能够影响对方的知觉、思想或情感时，这些都能作用于对方的意识并使之做出相应的行为。

而"获得"和"失去"，总能快速地唤起对方的情感、知觉，促使对方产生思想上的变化，做出行为决定。

为了更好地实践，你可以推敲自己的营销话术，看它们是否满足"追求快乐和逃避痛苦"的原则。如果客户购买你的商品，他能够获得快乐（提升业绩、吸引流量、降低成本等）吗？或者能减少痛苦（减少经济损失、解决业务痛点等）吗？

如果你的营销话术不能引发客户对这两点的感知或联想，那么建议你再修改下营销话术，使之更有效力。

心理学上有个前景理论（Prospect Theory），它指出：人们在面对"得到"时，往往会更倾向于冒险；但当面对的是"即将失去"时，人们会选择规避风险。

举例说明：有个游戏，只要你报名，就可以得到500美元的报名奖励金，然后你还可以参加一对一抽扑克牌比大小挑战赛。每赢一场，又可以获得200美元。如果输了，则奖金清零。你仍然可以带着500美元的报名奖励金离开。在这样的比赛规则下，大多数人会选择参加挑战赛。

但当主办方将参赛细则调整为：每位报名成功的选手都可获得500美元的参赛奖励金，然后可以自由选择是否参加挑战赛。如果放

弃挑战赛,则可以带走500美元的报名奖励金;如果参加挑战赛,则每赢一场可以再获得500美元的奖金。但如果输了,累积的奖金就会清零,同时还需要退回500美元的报名奖励金。

在这样的比赛规则下,大多数报名选手会选择直接拿着报名奖励金离开。因为相比获得,人们更害怕失去。

这也是为什么我们要在第3点中使用暗示提问,引导客户联想目前的业务窘境。因为个体逃避痛苦的动力,会强过追求快乐的动力。

◎ 本节思考

(1)作为销售员,你是一个好听众吗?
(2)如果不是,找出自己听不进去的原因。
(3)按照SPIN模式练习提问技巧。

第二节 这样提问让销售更轻松

我们常说,在推介商品时销售员需要主导话题走向,那么到底应该如何主导呢?如果你了解有效提问的技巧,你就可以轻松掌控销售局面。

营销大师汤姆·霍普金斯说过,有效提问是销售员与客户之间重要的沟通手段,有技巧的提问可以令每一位销售员的工作达到事半功倍的效果。因为通过提问,销售员不仅能让客户感受到自己是被人关注的中心,还能了解、确认客户的需求。

销售员对客户进行有效提问，并耐心倾听客户的回答，这就是在跟客户建立一种信任关系。那些销售冠军都非常讲究提问方式，并且对于不同类型的提问方式都运用得得心应手。

案例分享

角色设定：你是一家水族生态造型鱼缸店的销售员。

某天下午，一名中年男子进店来看草缸。你迎了上去，引导他一一欣赏了店中形态各异的造型缸，价位从500~12000元的都看了。

在带看的过程中，你发现男子一直在留意不同造型缸的价格标签，同时他站在1500~3000元价位的缸前的时间会稍微久一些。通过这一观察及与客户的交谈你了解到，客户想购买一款价格不超过3500元的造型缸。显然，这名客户很喜欢草缸，他的心情不错，还顺口跟你提了一句"我本来也养过一个草缸"。

（1）不关注客户的销售话术如下。

客户："我本来也养过一个草缸。"

你："我们的这个造型缸自带过滤器，您都不用换水，省时省力得很。"（仍然按照自己的推销思路，未给予客户回应。）

客户："嗯，我自己再看看。"

（2）关注客户的销售话术如下。

客户："我本来也养过一个草缸。"

你："噢，那您对养缸也是有经验的呀。那个缸您现在还养着吗？"（恭维客户是养缸有经验的人，并用How提问进一步尝试获取客户的信息。）

客户："那缸在我搬家的时候就处理掉了。挺可惜的，当初我养得可上心了。"

你："那是挺可惜。您的新家那边都安置好了吧？"（表示对客户的关注。）

客户:"是呀,七七八八的弄得差不多了,现在就想着再配一个缸,新家地方宽敞。"

你:"嗯,新家,地方又大,那可得配个好缸才衬得上这房呀。"(新家、地方大,都是客户能感受到优越感的点,销售员在回应中可再次强调,同时给予销售暗示,呼应客户想换个大缸的购买意向。)

● 案例解读

在看案例解读前,希望你把自己代入销售员的角色,问自己两个问题:

(1)客户为什么要跟我说这个?
(2)我能给客户什么样的回应,才能帮助自己做成这单生意?

相信你应有自己的解答,那么或许我们会有个共识:推销过程中,客户没有一句话是废话。

只要你让客户感受到了被尊重,并对他们所说的话感兴趣,客户往往都愿意谈论细节或者是延伸他们的观点。在这种情况下,你可以捕捉到更多有利于销售的线索。

在案例中,我们看到了两种销售员(关注客户的和不关注客户的)的回应对比。

由此可见,销售员如果能保持情感式的提问,就能获得与客户更高质量的互动。这也很好理解,就像一些去相关机构申领救助金的穷困民众,在签字领钱的时候,总有人会抱怨:"才这点补助金,根本不够用。"

一般情况下,窗口工作人员并不会搭腔。因为他的工作就是确认资料,发放对应现金给名单中的申领人员,所以并不需要他给予服务对象情感关注。只要不引起投诉,这对他的工作就不会产生影响,当然他也没有业绩提成。

但销售员不同于机构窗口工作人员。申领救助金是个既定的工作内容。而你的工作包括接待客户、引导介绍商品、推介互动、退单、成交，任何一个环节的变化，都有可能导致销售成单失败。所以，当你遇到客户抱怨："你们家的东西也真贵"时，你是会选择像窗口工作人员那样无视客户的抱怨，还是使用情感式提问，让客户感受到你对他的关注呢？

你选择无视，就有可能流失了一位潜在客户；如果你选择情感式提问，就能开启销售互动，增加成单概率。例如，你可以说："您是说这一款吗？今天也有几位客人也跟您一样，对这款感兴趣呢。"或"您眼光真好，这款是好货。"客人大概率会回道："好是好，就是贵。"于是，一场销售互动就开始了。

【销售提问的方式】

提问的方式主要有 3 种：开放式提问、封闭式提问及想象式提问。下面我们分别予以介绍。

1. 开放式提问

刚跟客户接触时，你可以选择开放式提问。这类提问不限定客户的答案，因此可以给客户最大限度的自我发挥。在这种自由的作答中，你可以捕捉到客户更多真实的观点和情绪，可以更加了解客户的喜好。

例如，你遇到一位非常挑剔的客户，他几乎对所有商品都能提出某些意见，这时你可以恭维地问："我看您对商品的要求还不低，哪种商品能最大限度地满足您的需求呢？"这就属于开放式的问题。

2. 封闭式提问

当你与客户已建立起关系并做了一段时间的产品介绍，为了控制讨论问题的时间并将客户引入成单方向时，你就可以使用封闭式提问了。

例如，"对于产品的这些功能，您觉得满意吗？"

3. 想象式提问

想象式提问是为了强化客户的购买需求，使用这种提问方式时可以结合心理学中的催眠术。假设你是卖空调扇的，当客户在了解了商品功能之后有所犹豫时，你就可以利用想象式提问。"夏天晚上，传统的空调扇会发出噪音，而且风力不自然，吹一晚上容易引起肌肉酸痛，这样您第二天醒来一定感觉不好。而您眼前的这台空调扇，它的风和自然风一样柔和，分贝小于30，可以让您一整晚都在凉爽舒适的环境中获得高质量的休息。试想一下，睡了一整晚的好觉，您第二天醒来会是什么感觉呢？"

【销售提问的技巧】

如果你已经能熟练使用上述3种提问方式，那么可以学习一下以下几个关于销售提问的技巧。

1. 不要抢答

既然是你向客户提问，就代表你们的身份、角色已经做了分配。你是提问人，回答问题的人是客户，不要临时抢占客户的角色。

就像如果有人客气地询问你："您喝茶还是咖啡？"还没等你回答，对方就端来了咖啡，你心里一定不好受，推己及人，秉承尊重原则，提问时一定不要抢在客户前面解答。

2. 不要连续使用封闭式提问

连续使用封闭式提问会让客户感觉有压迫感，从而引起客户的不悦。一般只有在审讯的时候才会使用连续封闭式提问，是为了避免对方谈及无关的信息并使对方产生压迫感，突破对方的心理防线，这种方式在销售时是不适用的。

销售新人或是销售业绩不理想的销售员，一般会出于心急而犯这样的错误，因此特别提醒销售员，要放平心态，切勿走入误区。

3. 从提问预判客户成交的概率

客户进店之后，先跟他确认是否想买商品，想看点什么商品，从客户回复的内容与肢体动作中可以大致判断这单成交的概率。

如果你得到了客户较为快速的肯定的答复，那么说明客户的购物目标是明确清晰的。但如果客户只是随便看看，那么他们针对你的这一问题做出回答的概率就会小很多。

如果客户是后一种情况，即客户没有针对你的提问做出回答，你就要放慢脚步。因为很可能客户并没有明确的购买意向，你需要将自己的销售步骤往前调整，从促使客户建立购买认知入手。你可以提供给客户新的产品线索和资料，查看客户的反应，以捕捉客户感兴趣的商品并进行推荐。

4. 善于用How来表达对客户的关注

销售员在接待客户时，往往习惯"自说自话"，这并不利于推介产品。你可以多去商场专柜体验，感受一下不同销售员的推销功底。在体验的时候，你给销售员做个小小的测试——走进一家你感兴趣的店，针对某一产品流露出购买的意愿。通常情况下，销售员会针对你看中的这件商品开始推介。此时你可以故意告知销售员"我曾经买过一台"，然后看销售员是如何应对的。用客户的身份，你能直观地感受到销售员不同的回应，会产生不同的感受。之后，你在销售的过程中就更容易理解对用户表示关注为何有这么重要。

我曾经在一场培训中，随机邀请了3位来自不同门店的销售员上台做模拟演练。结果没有一位销售员使用How来表达对"客户"的关注。他们对我提到"我曾经买过一台……"并不关心，而是将全部注意力都集中在想推销给我的商品上。

那么，到底应该如何用How来表达对客户的关注呢？这么做又有什么好处呢？我们可以来看以下示例。

角色设定：宠物销售员。

有名中年女性进店，在宠物用品区里逛了一圈。销售员迎上去，问："您好，想看些什么？这些都是我们新进的货。"

中年女性："嗯，现在宠物用品都这么贵了，比人用的东西还贵呀。"

销售员："现在养宠物的人多了。宠物主人对买给自家宝贝的物件也很在意品质。现在猫的用品，比宠物狗的还要贵些。"

中年女性："是啊，现在流行养猫了，我以前也养过一只。"

这时，可以使用 How 的时机就出现了。

客户为什么要跟你说她以前养过猫？这只猫现在还在吗？你给客户什么样的回应，能够帮助自己开单？

宠物与人类的情感羁绊会更深，所以非常适用 How 提问。我们可以用两种不同的态度（不关注客户和关注客户）做对比。

（1）不关注客户。

客户："我以前也养过猫。"

销售员："我们这里猫的用品有很多，狗的用品也有，您可以看看。您是给自己的猫买，还是送朋友？"

客户："我现在不养了，我随便看看。"

销售员："噢，好的，那您随便看看，右边还有个打折区。有需要您再叫我。"

客户给了销售员两次机会做情感关注，销售员都没有捕捉到。

（2）关注客户。

客户："我以前也养过猫。"

销售员："哦，您也喜欢养猫呀。"（表示对客户的关注。）

客户："是我闺女弄来的，然后她又不养，都是我在照顾。"

销售员："哦，那您跟猫的感情一定很深吧。现在养得怎么样了？"（唤起情感，使用 How 提问。）

客户："唉，是啊。可惜有天我女儿回家，门没关好，它就窜出去了。我们找了好久，都在街上贴寻猫启事了，可一直没找着。不说了，说了我又伤心。现在女儿去国外留学了,家里就我和老头子两个人,冷清啊。"

销售员:"那是挺伤心的,这都养出感情来了。猫是容易往外窜的,您看我们店里,猫都是关在小房间里,它们太活泼了。"(将客户回忆中的情感链接到你所销售的商品上。用小猫的活泼,暗示可以让她家中不再那么冷清。)

客户:"是啊,你看看一只只的,真可爱。"

销售员:"您过来瞧瞧,哪只合您眼缘,我给您抱出来。"(引导客户与商品互动,提升成单几率。)

客户会对关注自己的销售员做出更多的互动,而对一味地执着于推销自家商品的销售员会保持距离感。

由此可见,销售员如果能保持情感式的提问,就能获得与客户更高质量的互动。

◎ **本节思考**

(1)熟练使用3种提问方式,并记录效果。

(2)在销售过程中,根据情境分别使用不同的销售技巧,直至熟练掌握。

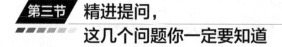

第三节 精进提问,这几个问题你一定要知道

作为销售员,你可以对应下面的4个问题,回想自己在销售过程中的表现,然后对比书中的内容,看看自己是否有需要调整的地方。

【问题1：为什么要向客户提问？】

几乎所有的销售员都会回答这个问题：想通过提问来了解客户。这是正确的想法，只不过难点在于，销售员需要根据不同的客户选择不同的提问方式。

案例分享

临近过年，商场里来了一对老夫妻，他们想给来拜年的小辈们购买些新年礼物。但商铺中琳琅满目的货品，已经让老夫妻挑花眼了。

他们是一对有强烈购物动力，但购物目标不明确的客户。此时，如果你能利用提问来帮助老夫妻挑选商品，就可以做成一笔不错的买卖。

一般而言，普通销售员会引导夫妻二人说出要选购的商品。

销售员："您二位想买些什么呀？"

老人："就快过年了，到时候孩子们都会来给我们拜年。我们想给孩子们买些礼物，在家里好好热闹热闹。"

销售员："我们这儿有好多适合孩子的礼物。您看有八音盒、大玩偶、智能音箱。您看中哪些东西了，我给您拿过来。"

老人："我也不知道，看着都好。你说现在的年轻人喜欢什么呀？"

销售员："智能音箱挺好的，来我们这儿买的人挺多的。"

老人："行，那就相信你的介绍。我们也买智能音箱吧。老头儿，你再看看，我们还要买什么吗？"

老伴儿摇了摇手说："行啦，看着眼花，选好了走吧。"

随后，夫妻俩结账走了。

● 案例解读

在这个销售过程中,销售员用良好的态度和消费示例,成功地让老人接受了他的销售推介,最终老人购买了音箱。可见,这对客户还是易于沟通且具备消费诚意的。

如果销售员能更好地运用提问技术,说不定可以成交更多。

● 案例分享

销售员:"您老想买些什么呀?"

老人:"就快过年了,到时候孩子们都会来给我们拜年。我们想给孩子们买些礼物,在家里好好热闹热闹。"

销售员:"噢,您真是心疼孩子呀!过年您家一定很热闹,这次过年,您打算备几份礼呀?"(提到"备",一般有储备、准备的含义。尤其是对于老年人来说,他们几乎本能地倾向于要多储备、多准备,因为这样才符合他们对于安全感的定义。通过这样的心理暗示,可以让客户在潜意识中增加购买商品的数量。)

老人:"得备个3~5份吧,我儿子一家和女儿一家都要来。"

销售员:"真是太羡慕您了,儿女双全呀!您儿子和女儿都成家了呀?他们有孩子了吗?"

老人:"有了。这么一算,5份礼还不一定够呢。哈哈。"

销售员:"这么一算还真是。我来给您介绍介绍吧……"

● 案例解读

在这个示例中,销售员没有直接向客户推介商品,而是先使用了提问技术,了解了客户购买商品的更多线索,这样就提高了增加客户购买商品数量的概率。

【问题2：你是怎样向客户提问的？】

一个好的提问可以引发对方回答的兴趣和热情，而一个差劲的提问则会引发对方的反感。

案例分享

销售员："先生，您看这条围巾，棕色羊毛的，围上去既保暖又大气。"

客户："就我这短粗脖，还带什么围巾呀，穿上外套就没脖子了。您数数我这脖子才几寸长。"

销售员："为什么要数呢？围巾一围上，这形象马上就立体了。"

客户："哈哈，那我试下。还真不错，就拿这一条吧。"

案例解读

销售员想将手中的围巾推销给客户，但客户认为自己脖子短，根本没有围围巾的需要。同时，话里也体现出了对于自身形象的不满意。

销售员用提问的方式打破了客户的固有认知，并以幽默的方式提示客户，围巾可以帮助客户提升形象。如此，销售员就成功地引导客户接受了自己的销售意见。

好的提问是需要结合客户的特性和幽默的语言来使用的。失败的提问则会惹怒客户。失败的提问类型如下。

1. 问得不着边际

销售员："您这么说的话，那您需要买顶帽子吗？"

在客户婉拒了商品推介后，销售员的确可以转移焦点，选择其他的商品推销给客户，但两者需要有关联性。如果没有关联性，则会显得突兀。客户说自己脖子短，不需要买围巾。销售员突然急转弯，询问客户是否需要买帽子。这样的提问容易成为无效提问。

如果销售员不愿再花精力在推销围巾上，又想促成客户购买帽子，那么销售员可以在话术中加入关联性。"您看，这大冷天的，您也没围围巾，那北风一刮，冷风可就直往后脑勺钻了。我们这顶帽子是加绒的，保暖性非常好，您可以试试。中医说，保健要从头开始，头部的保暖可是重中之重。"（顺着脖子的话题延展，突出客户有两个部位没有做保暖，接着再使用"借助权威法"。）

2. 问得过于隐私

销售员："那您看看这边的帽子吧，我们的帽子卖得不错。"

客户："不用了，我没有戴帽子的习惯。"

销售员："这天多冷呀。您既不围巾，也不戴帽子，媳妇不管您？"

客户："关你什么事？！"

不论是做销售还是日常人际互动，都要注意人际边界问题，不要越过边界，不要试图窥探他人隐私。

人际边界

什么是人际边界？人际边界可以简单地理解为人与人之间的距离。

例如，我们乘坐地铁，乘客不多时，我们每个人都可以有宽敞的空间。这时，我们的人际距离保持在舒适的状态中。但如果处于承运高峰，车厢内人挤人，作为乘客的你就会觉得很不舒适，因为人际边界因为高峰人潮而受到了挤压。

谈话交流也是一样的道理，关系没那么亲近，就不能问亲近人才可以提的问题。

上述案例中，像销售员提的那个问题，即使稍亲近的人问，也有可能引起客户的不悦，更何况是一个连一点交情都没有的销售员。

所以，在向客户提问的时候，要注意回避个人的敏感事件。

【问题3：如何捕捉提问客户的时机？】

一般情况下，提问离不开 5 个 W：What、When、Where、Who、Which。当你在向客户提问的时候，不仅要留意观察客户的情绪状态，还需要把握用哪个 W 作为开场提问。

如果客户是来购买健身器械的，你会询问他什么呢？

使用开场问题之前，要做的是打招呼或观察。现在线下购物很讲究留空间给客户，所以在客户进店之后可以打招呼，做引导介绍。

当客户对某件商品感兴趣时，大多数情况下会给出线索，让销售员知道选用哪个 W 作为开场提问。

例如，你在引导客户了解店内的商品时，客户停下脚步说："这个哑铃不错嘛。"此时你就可以选择 Which 来提问："是呀，都是全进口材料。您如果练哑铃，想选择哪个重量级的？"

这个提问就直接切入了商品购买的细节考虑。如果客户给出了回应，你还可以使用类似"还有其他想法（需求）吗"这样的延展性问题进行提问。

使用延展性问题进行提问可以让客户说得更多，让客户有更多叙述性的回答，而不仅仅是针对你的提问给予简单回应，并且可以省去你的追问，避免客户因为你的追问而产生不适感。

当你掌握了客户的想法后，便能推销符合客户购买意向的商品了。

提问的 3 个核心要点

【问题4：提问之后，你会做些什么？】

我们很难通过一个提问来搞定成交，所以针对客户的问题，你首先要做的是倾听。这里的倾听不单是为了表现出你对客户的尊重与关注，更是为了结合客户的回答，提出相关度和指向度双高的后续问题。

倘若你未能认真倾听客户的回答，你该如何继续提出问题呢？通过倾听客户回答，抓取客户语句中的关键字插入到你的推介语中，可以收到良好的推销效果。譬如，现在有一位礼品店的店主，听说你非常有销售技巧，所以向你诉苦，希望你能给他出出主意。

他的礼品店开在旅游景区，生意还算不错。但令店主烦恼的是，景区客流虽给他的礼品店带来了不少生意，但也是因为开在景区的缘故，很多游客进店只是借用厕所，并不消费。有些游客用完厕所之后，还坐在礼品店咖啡吧的位置上休息，既占用了咖啡吧的资源，也让消费环境变差了。即便这样，店主也不敢驱赶这些游客，他怕得罪游客，影响自家店在景区的消费口碑。店主很苦恼地向你求教，如何才能把这些游客转化为客户，或者在不得罪人的情况下让这些游客尽早离开。

对于上述问题，其实可以用经营手段来解决。例如，制定规则，厕所不对非客户开放，或增加厕所"临时清洁关闭"的次数等。但由于本节着重讲解销售员的提问技术，所以仅针对这一点展开示例。

面对面地提问："您好，顾客（通过称谓定义当前游客的身份，给予消费暗示），有什么需要服务的吗？"

要点：在提出第一个问题前，销售员可以结合微表情的知识点，先对客户做一番观察。如果评估下来，这位客户是有文化修养的，便可以提问："您好，顾客，这是我们的饮品单，您需要点些什么吗？"（给予进店人员身份的锚点。）

对于这类游客，只要销售员态度好，店内消费合理，游客一般都能较为顺利地转化为消费者。

如果观察下来，发现对方就是来借厕所的，或态度强硬、素质偏低，销售员又该怎么做呢？

你可以使用保守的提问："您好，顾客，有什么需要服务的吗？"（避免客户恼羞成怒。）

游客："我们想用一下厕所。"

在听了客户的答案后，销售员要注意，不要流露出厌恶、轻视等可能得罪潜在客户的肢体语言。

当游客使用完厕所之后，销售员容易出现两种情况。

（1）迎上去向游客介绍商品。这样的做法容易引起游客反感，导致客户快速离店。这样虽然避免了游客占位的情况，但后续在网上给差评的风险会增加。

（2）当游客从厕所出来之后，不做跟从，不做反应。游客感觉店内没有人留意到他，会更自如地坐到咖啡吧休息。此时销售员再跟进，则很容易给人一种驱客的感觉。

所以，在游客从厕所出来之后，要选择恰当的跟随时机。例如，游客已经洗完手，正在打量店中的环境，此时销售员可以迎上去做跟随，向游客微笑，示意可以随时为其提供引导服务。这是销售员应用肢体语言的好机会，用非语言信息传递给游客"购物"的信号。

但此刻销售员只能倾听，因为游客与销售员在一起时，是很难保持沉默的。为了缓解尴尬也好，出于好奇也好，游客都会说一些话。而销售员所要做的，就是从这些话里提取客户的关键词。

游客："你们店挺大，东西也挺多的嘛。"（关键词：大、多。）

销售员："是呀，我们这里有南洋金珠、永生花，都是从原产地来的，就连我们咖啡吧的咖啡豆都是南美进口现磨的。整个景区里只有在我们咖啡吧才能喝得到。好多客人下山后还惦记我们的咖啡呢。您在网上也可以搜到，很多游客回去后给我们写了点评，其中都提到咖啡很不错。"（以同类型客户的评价，引起游客的好奇心。)

游客:"这么好的咖啡多少钱一杯?"

接下来话题就进入了销售环节。

在提问之后,销售员需要留意的是倾听,而不是急于使用销售话术。

以上几点都是为了体现提问技术的价值。提问是为了让销售员更多地掌握客户信息,以便猜测客户喜好,提升成交概率。销售员平日里可以做相应的练习来提升自己对提问技术的掌握度。

销售主管可以组织类似下文中的培训练习。

在这场培训练习中需要设立3个角色:

(1)扮演客户的销售员;

(2)参与提问技术训练的销售员;

(3)销售员观察组。

销售主管可以把这次训练设置成分组挑战赛,挑战维度可以设置为:

(1)所用时间(须设定时限,在时限内未猜出正确答案的,则挑战失败);

(2)参训队提问的质量;

(3)赛后的心得总结与分享。

让扮演客户的销售员在题板上写下他愿意花1万元购买的商品(不给其他人看),然后让参与提问技术训练的销售员通过提问去获取信息。

答案不能从扮演客户的销售员的口中直接说出,需要参训的销售员通过提问整合获取到的信息来推测。

当比赛结束后,赛后的复盘更为重要。首先可以请参赛小组分享自己的心得体会。其次请扮演客户的销售员谈谈自己的感受。通过这两者之间的交流体会,能够更好地引发销售员的思考和对知识点的内化。最后请销售员观察组谈谈,参赛销售员哪些地方做得好,哪些地方存在瑕疵。

如果是一个重视销售培训的团队,销售主管还可以在这次培训之后,对销售员的销售行为进行观察性跟踪与指导、评估。

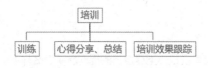

结构式销售培训

心理学小贴士

对说服起作用的要素

一般来说,对说服起作用的要素主要有3个:外部刺激、说服者、说服过程。

(1)外部刺激。常规情况下会由公司的市场营销部负责开展,如投放广告、策划各类吸引消费者眼球的营销活动等。

(2)说服者(销售员)。需要具备过硬的专业技能,与客户交流时有较高的专注程度,以及较高的受欢迎度。

要成为一个受欢迎的销售员,首先他的肢体动作一定是怡人的,要有亲切的微笑、友善的动作(如主动为客户开门,客户上车时,用手帮客户挡头顶,防止客户头被撞到等)。其次需要积累一定的客户口碑,口碑越好,越能证明该销售员的受欢迎程度高。

(3)说服过程。需要具备的技巧包括从信息的传递开始,掌握时机将其转移到情感上。客户接收了新的信息后,他缺乏既往可供参考的经验,这会让他潜意识里产生排斥与抗拒。因为人都喜欢自己熟悉的事物,习惯待在自己的舒适区中。陌生的商品会让人心生警惕,让人担心自己上当受骗,花冤枉钱。

一位让人感到可靠的销售员,会消除客户的紧张感,进而促使客户改变态度,生成购买意向。

◎ **本节思考**

（1）作为一名销售员，你觉得自己的提问水平怎么样？

（2）将你擅长的提问技巧列出来并加以巩固，同时学习新的提问技巧。

（3）每次提问之后试着复盘，记录客户的反应，并完善自己的提问技巧。

Part 3

销售精进：从"菜鸟"到高手的实战技巧

微表情背后的成交潜台词
在有效的时间内创造最好的业绩
让业绩提升30%的客户回访课
销售高手都在用的成单技巧全攻略

第七章 微表情背后的成交潜台词

报价情景中的肢体语言指导
如何通过肢体语言准确判断客户的消费水平
如何锁定客户爱听的营销话术
善用头部动作拉近与客户的心理距离
如何利用手部动作发起攻势
与客户对话时，怎样站位让人比较舒服

第一节 报价情景中的肢体语言指导

如果你留意过肢体语言这门技巧,那么你一定了解,在人际交往中,语言起到的作用并不大,而肢体语言的作用却占到 75%。这代表倘若你能在面销时恰当地运用肢体语言,那么你的销售成绩会大大超越那些不懂肢体语言的销售员。

案例分享

肢体语言的应用,在生活中随处可见。

我家附近的菜市场里,有家水产摊的生意总是很好。别的水产摊没人光顾,就他一家客户排着队买鱼。

因为这家卖鱼的从不缺斤少两,而且摊主很善于运用手势。

客户:"这鲈鱼又涨价了呀?价格真是一天比一天高。"

摊主笑着对客户摊开了双手,无奈地说:"是啊,这段时间进价就高。"其他摊主听到客户抱怨鱼贵的时候,就没这么诚恳的手势了。有的甚至还翻白眼,嘲讽客户:"嫌贵你去隔壁买菜去,蔬菜便宜。"

案例解读

很多时候,手势的沟通效果胜于语言的交流。一个诚恳的手势,能让你在瞬间获得客户的好感。所以,你可以先在家演练几个沟通手势,以便在销售场景中自然地应用。

向客户报价时，你需要了解这些肢体语言知识。

报价这个环节对于销售员来说总是一个坎，不少客户是在听到价格后放弃购买的，不论销售员如何挽留，客户都不回头。出现这样的情况，除了因为客户对价格有很强的抵触之外，跟销售员本身所用的肢体语言也有很大关系。

1. 行为闪躲，让人生疑

行为躲躲闪闪，总是不肯正面回答客户，会让客户心生疑窦。

对于销售员来说，最担心的就是自己还没来得及做充分的推销，客户就先被价格给吓跑了，所以销售员总想把客户的注意力拉回到产品本身。而对于客户而言，会觉得销售员不可靠，报个价格都这么为难。当怀疑的种子埋下了之后，客户买单的概率就更低了。

销售员可以选择先按照最低报价答复客户，参考话术如下。

"我们的产品根据型号不同，价位都是不一样的。您右手边的这一款，现在是××元，它的优点是身材小，功率大，您可以拿起来掂掂它的重量（创造机会让客户与产品互动，顺势向客户递去产品），一点儿也不重，对吧？"（引导客户产生正向回复，为营销打开沟通之门。）

不建议销售员在初始报价时就告诉客户现在是活动价，因为现在的客户受到过太多营销活动的冲击。在还没有对产品产生认同感的时候，他们总是倾向于认为，做活动的产品都是老款或是滞销货，所以才会折价销售。

与其这样，还不如先向客户介绍商品，让客户对商品产生兴趣之后再自信地告诉客户："这是我们的拳头产品，所以我们公司把它当热销商品来做，现在购买的话，通过活动折扣还能再便宜几百元。"

2. 行为鬼祟，让人反感

对于用手捂着嘴凑近客户的耳朵说悄悄话的行为，对于熟人来讲也许很正常，但对客户来讲有时会显得鬼祟。

想象一下,这种动作在影视剧中更多地出现哪种人物身上呢?探子、小人,总之以负面形象人物居多。因为这样的动作代表你有很私密的事情要告诉他人,这事是见不得光的,所以这样的举动在旁人看来会显得有些鬼鬼祟祟。

在报价时,如果销售人员选择用这样的肢体语言,那么一定要注意两点:第一,仅针对同性使用;第二,要建立在良好关系的基础上。

李哥,这套产品您看中挺久了,跟我也聊了挺多,我知道您一定很喜欢这套产品。这样,我这个月的内部价名额就给您。我们在这里做销售员,每个月都有一个折扣名额,我以往都是给家人、朋友的。我跟您讲(顺势凑近李哥耳边,压低声音,半遮住嘴),员工价打下来,这套产品只要××元。(如果能看到李哥激动和感谢的眼神,那么说明这单已经成了。)

如果跟客户的友谊还没发展得那么深,就不要用这个动作。

销售员在报价时要注意摆姿态,显示出对自家产品的自豪感与优越感。一些大牌尤其是时尚品牌,店内的销售员个个都是抬头挺胸的,因为这些大品牌深知让自己的销售员对产品充满信心的重要性,所以在报价的时候会刻意避免出现低眉顺眼的低姿态。

◎ 本节思考

(1)在面对客户的时候,你经常使用哪些肢体动作?

(2)观察当你使用上述肢体动作时客户的反应。改掉引起消极反馈的动作,保留获得积极反馈的动作。

第二节 如何通过肢体语言准确判断客户的消费水平

如果销售员把自己锻炼成了半个肢体语言观察家,那么结果会怎样,取得的效果比不懂肢体语言的销售员好多少呢?

获益点	高于普通销售人员的值
✓ **Emotion** 你能够更快地判断出顾客现在的情绪状态	40%
✓ **Trust** 你能够快速拉近与顾客的距离,并与之建立起信任感	25%
✓ **Needs** 你能够对着顾客说出更加切中其情感需求的话术	60%
✓ **Friends** 你可以跟顾客成为朋友,让顾客帮忙介绍更多的客户	50%

销售人员获益点

好处这么多,终极目标只有一个:增加客户资源,提升成单概率。

那些肢体语言观察家是如何练就这项技能的呢?他们通常会认真观察并记录对方每一个无声的动作和表情,捕捉隐藏在其中的非语言信息。

听上去这像是专业人士才做的事情,但如果你能每天坚持用15分钟时间去观察他人,你就能在肢体语言的识别技巧方面有所提升。刻意练习,不会是一件白费工夫的事情。

网络上会有一些微表情训练软件,例如,METT、Face-AU。如果你想要做刻意练习,使用一些此类的工具,会是不错的选择。不过弊端在于,这样的训练比较枯燥，如果你对微表情的兴趣没那么强烈，可能很难坚持。

比较好的练习方法，是在保有你兴趣度的前提下，去不断练习微表情的识别。

起步阶段：可以看一些港台剧。剧里的演员在演绎情绪时，表情都会相对夸张，可以让你非常容易地识别出表情所对应的情绪。

进阶阶段：去看一些生活栏目，如生活矛盾调解类等。真实的百姓，因为家庭纠纷上节目，在节目中会有争吵、理论、流泪、感动。你就可以根据他们的情绪，去看他们表情的变化。

日常练习：参照微表情知识，选择几项你已经熟悉在心的表情，在你的销售过程中进行识别。通过客户反应来确认你的识别是否正确。

记住，技能总是在实践中得到精进。

下面我们就从销售员需要重点观察的肢体语言开始分析。

推介商品时观察客户言行的一致性。面销时第一时间了解清楚客户的购买需求和消费水平是关键的一步。这步踏准了，之后的销售过程会更加顺利。

案例分享

你是珠宝产品柜台的销售员，经常会遇到挑选婚戒的顾客。婚戒的提成高，所以，一有来看婚戒的客户，你的心跳就开始加速。

今天又是个好日子，一对准夫妻来到了你的柜台前。一来就说明来意，想为自己挑选一对婚戒。

你就喜欢这么爽快的客户，比起那些随意看看的客户，有着明确购物目标的客户更能取得你的青睐。于是你热情地向准新娘展示了热销的几款钻戒。

准新娘沉浸在喜悦的氛围内，被样式繁多的婚戒迷花了眼。都那么好看，她也不知道该挑哪款。

看到准新娘拿不定主意，一旁的准新郎豪气地说道："挑个你喜欢的，不用给我省钱。重要的是你看得上眼。"

听到准新郎的豪迈表态，最高兴的不是准新娘，而是作为柜台销售人员的你。

你在心中暗喊了一声"YES",成功在即。

你的心跳顿时又快了半拍,这是大生意要来了。于是你赶紧喜滋滋地拿出"镇柜之宝"向准新娘推荐道:"您看这枚怎么样?这是我们头牌设计师的新作,钻有1.5克拉。(准新娘试戴)您看多符合您的气质呀!"

"这枚戒指是挺好看的。1.5克拉,那得很贵吧?"准新娘问道。

你说:"结婚可是一辈子的大事。别看这款价格高,但还有人专门预定这款呢。这种大师设计的款式,只走限量销售的。"

准新娘继续追问道:"那要多少钱呀?"

你回答:"6.7万元。"

准新娘听了,没有说话,但目光仍然被戴在手指上的这枚钻戒所吸引。你认为这单应该是稳了。

但作为销售人员,你忽略了真正买单的人的意见。你注意力的焦点都放在了准新娘身上,因为你相信了男方的表态:只要新娘喜欢,他就一定会掏钱购买。

而此时作为买单人的准新郎则站在一旁,双手环抱于胸前,下巴微微收紧下沉。看上去像是在思考这枚戒指是否适合自己的未婚妻。

如果你懂肢体语言,此时就能看出准新郎的真实想法——他并不想买这枚高价婚戒。双手环抱于胸前,属于防御性动作;下巴收紧下沉,属于情绪向下的信号。这两种肢体动作组合在一起,销售人员推介商品的成功概率会很低。

可惜作为销售人员,你没有接收到准新郎的肢体语言信号,还在热情地推销那枚钻戒。最后准新郎向准新娘提议道:"现在买的钻戒,将来是我们的传家宝。先不要这么快做决定,我们再去其他家看看。"

最终,你因为没接收到准新郎言行不一致的信息而白忙活了一场。

● 案例解读

纯熟的技能是靠多次训练所获得的。要成为半个肢体语言观察家,你需要比常人更多地留意观察他人的组合动作。

普通人在表达情绪时，不但会有语言，还会有连贯的动作。如果你能留意客户的肢体语言与有声语言的一致性，你便能更加准确地解读客户藏在心中的真实购买需求与消费水平。

◎ 本节思考

（1）每天观察一位客户，记录其肢体语言并总结经验。
（2）将前一天总结的经验用到下一位顾客身上，并确认正确性。

第三节 如何锁定客户爱听的营销话术

普通人对于人的表情识别准确度有多高呢？美国心理学家拜亚曾做过一个微表情识别的测验，他将在日常生活中表露得较多的6种情绪表情（愤怒、恐惧、幸福、悲伤、挑逗、冷漠）录制成了短片，让民众识别。这6种表情我们在生活中或在影视剧中经常见到，但测验结果出人意料。参加表情识别的人中，只有不到20%的人能正确识别他人的表情。这就说明，虽然表情比语言能更加真实地表达当事人的情绪，但要通过对微表情的识别来掌握他人真实的情绪，还需要经过一定的学习与训练。

案例分享

中国历史上出过一位能人，他叫淳于髡，"不鸣则已，一鸣惊人"就是出自淳于髡劝诫君王的典故。因为淳于髡十分有才学，所以有人将他推荐给了梁惠王。

但是梁惠王先后召见了淳于髡两次，淳于髡都对他默默无语。梁惠王便与推荐人说："这个淳于髡不过尔尔，见了我都不敢说话。"

推荐人心想，一定事出有因，就去问了淳于髡。淳于髡回答："第一次觐见梁惠王，见他一脸要外出游乐的表情；第二次觐见，君上一脸想着声色的表情。这两次君上都无心听我说话，那我索性就不说了。"

推荐人将淳于髡的回答告知了梁惠王，梁惠王回想了两次召见淳于髡的情境，还真如同淳于髡说的那般。此时梁惠王才真正意识到淳于髡的才干，便开始郑重其事地与其议事。

● 案例解读

这个故事中，淳于髡所表现出来的就是辨识表情的能力。套用到销售中，如果你能识别客户的微表情，你就能成为客户心中的"淳于髡"。

那么如何才能识别客户的微表情呢？较容易识别客户真实想法的两个部位是眼睛和嘴巴。眼睛是心灵的窗户，嘴巴是语言的大门。如果你能掌握眼部和嘴部的一些基本情绪表达动作，你便能更快地了解说什么样的话较能打动当前客户。

1. 眼神接触

人们在开始交谈的时候，会先眼神对视。在交谈的过程中，眼神会不断地确认对方的反应，以此来达到良好交流的效果。

推介产品也应如此，销售员第一步要做的并不是用声音去问候客户，而是要先将自己的视线以一种温和的方式与客户的眼神接触。当眼神接触后，再用声音问候客户。

我在商场里观察到，可能是因为工作流程的要求，某些销售员对进门的每一位客户都会问候，说一声"欢迎光临"，但并没有眼神接触。问候的时候有的销售员在整理货品，有的只是瞟客户一眼。这样并不能起到良好的招呼客户的作用，反而会给客户留下销售员冷淡、敷衍的印象。

通过到位的眼神接触和语言问候后，销售员就可以观察客户的眼神反应了。如果客户对销售员的眼神接触予以积极反应，对销售员的问候回馈以微笑，那么这位客户在此刻的心情还不错，性格也算得上开朗。或许在销售员殷勤的推介下，他会买单。

但如果此时客户的视线发生了转移，那就有以下两种可能。

（1）他有明确的购物目标，不需要跟销售员多做沟通，直接就可以购买。

（2）他的购物意愿并不强，有回避销售员视线的表现。

如果当前销售员有多名客户需要跟进接待，那么就可以优先选择那些视线接触良好的客户。

2. 观察客户的瞳孔变化

眼球的转动、眼睛的眨动、视线的转移及转移的速度，这些眼部的细微动作时刻传递着眼睛主人的情绪和意向。

眼睛是反映大脑和身体机能的平台，瞳孔更是和生命紧密联系的重要部位。人的瞳孔在面对感兴趣的事物时会呈现放大的现象，而面对消极情感时就会出现收缩的现象。

作为销售员，在推介产品时你可以刻意将产品一款一款地以慢动作展示到客户面前，同时观察客户的瞳孔变化，判断客户的喜好。为什么要以慢动作来展示商品呢？因为客户的大脑对于信息的接收和反馈需要一定的时间。而有些销售员就不懂这个道理，做产品展示的时候过于急切："这件怎么样？还有这件。"每件产品都在客户眼前晃过，但时间过短，还不足以使客户的大脑对商品做出大体评估，客户也很难形成反馈信号。

从另一个获益点来说，慢动作也是为了让销售员有更多的时间去捕捉客户的反馈信号。当客户有中意的款式时，生成的反馈信号是，眼睛睁大，瞳孔放大。这样的反应跟客户对于商品的喜爱程度成正比。

你可以在脑海中搜索一下这样的场景：当女孩子收到了心仪男生送的戒指，她的眼睛会因为惊喜而瞪得大大的。同理，当男生看到心仪的美女时，瞳孔也会放大。

如果前两道关卡你已经表现到位，并且收集到客户反馈的信息，那么接下来就是向客户介绍商品信息，再由客户决定是否购买了。

3. 对话时，留意观察客户的嘴部

首先，嘴是语言的大门，当客户有观点要表达时，嘴部会先产生动作。别让客户欲言又止，购物是个情感冲动的过程，一旦被压抑了，就会降低你的成交概率。

如果客户的嘴部动了，那么有可能他是有想法或有观点要表达。此时销售员可以放缓自己推介的节奏，停下来听听客户想说的。

另外，如果客户的嘴部肌肉呈现紧绷状态或有抿嘴的动作，就表示客户可能对当前销售员的某些观点或话术感到厌烦或不认可。此时销售员就要赶紧关上"语言的大门"，将说话的空间留给客户。

在推单的时候，销售人员如果看到客户有咬嘴唇的时候，基本上就是客户在下决心，要做决定了。

其次，嘴是我们五官之一。我们在打第一个照面的时候，嘴部也会对我们的第一印象造成影响。

例如，进店时，没有明显的表情。A 客户嘴角向下。这类人的面相看上去会比较苦。所以你在接待的时候，最好保持较为平和的情绪，避免过于活泼。因为嘴角下垂的人，大多幸福感不高，时常会处于低落情绪中，为人也相对挑剔、固执。B 客户嘴角上扬，呈现自然微笑。这类人是比较容易沟通的，性格也会更开朗。此时，你可以用热情的态度进行接待。

对微表情的识别，只要你每天花 15 分钟的时间观察并练习，就能越来越娴熟地掌握并运用了。

◎ **本节思考**

（1）学习与微表情相关的知识。

（2）面对客户时观察对方的微表情，并做记录。

（3）分析客户的微表情及背后的意义。

第四节 善用头部动作拉近与客户的心理距离

头部是我们大脑所处的位置,它作为人体的总司令部,掌握着我们的所有想法与行为指令。从肢体语言的表达上来看,头部也容易产生肢体语言动作。只要你留意观察,并且恰当运用,你就能快速拉近与客户的心理距离。

当客户觉得跟你很聊得来时,他会更愿意选择跟你做生意。

案例分享

之前我所在的公司有一名运营主管,他待人接物的能力很强,就连仅跟他打过几次照面的市场部总监也对他赞誉有加。后来我仔细观察这名主管,发现他跟别人打招呼的时候都会点头示意。

大家千万别忽视点头示意这一微小的细节,它能够让别人感受到你的真诚与对对方的重视。

当别人重视你的时候,你自然也会对他产生良好的印象。有了好印象,之后再打交道就顺畅多了。

案例解读

我们在与人对话时,视线都会留在对方的面部。此时我们头部的动作,尤其能吸引到对方的注意力。在一些高档消费场所中,销售员都会主动向客户点头微笑,这就是善于应用头部动作的表现。

同时,在倾听对方话语的时候,我们也可以适时地点头示意,这能够让对方感受到我们在认真听他说话。

1. 点头动作

在销售过程中，说些什么内容会有助于你成单呢？答案是，说客户想听的内容。但销售员不会读心术，应该怎么办呢？这就需要通过观察客户的肢体语言来实现。

如果将商品卖点与功能介绍都详尽地说一遍，那么不仅耗时长，销售员累，而且客户也不一定有闲心听。所以，在刚开始接触客户时，销售员可以用散布式的方法介绍，即每个卖点或功能优势都点到即止，直至发现其中某几个要点会让客户产生真正意义上的点头。

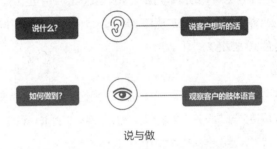

说与做

什么是"真正意义上的点头"？就是有别于客户因礼貌性回应而做出的点头动作。当客户被某个卖点打动时，他的点头动作会稍有延时，因为这时他的大脑需要一定的时间来处理信息。而且这个点头动作的幅度会大于礼貌性回应的点头。

通过捕捉客户的肢体语言，来判断用哪种营销话术更能打动客户。

运用肢体语言时，销售员不仅需要观察、判断他人的动作，还需要有意识地表现出自己的肢体语言。

点头的动作,销售员可以刻意使用。当销售员与客户交流时,需要真诚地点头,这样更容易获得客户的好感。

因为点头向客户发出的信号包括：我明白你所说的意思；我认同你的观点。

人都愿意向懂自己、认同自己的人诉说更多内心的想法。如果销售员能让客户认为你懂他们所想，就等同于提升了自己收集客户信息和反馈的能力。

当然，销售员的点头要有诚意。如何显示出诚意呢？点头的频次不要太紧密，并且摆动速度可以慢一些。试想，如果有个人对你如捣蒜般地点头，你一定会觉得对方有些异常。所以，恰当地使用肢体语言也是一门技术。

2. 仰头动作

中国有个成语叫"趾高气扬"。习惯性出现仰头动作的人，通常是自尊程度较高，把自己当回事的一类人。

在接待这类客户时，销售员要对应其性格特征说合适的话。这类客户在刚开始时会对销售员的推介表现得较为冷淡，而只要销售员能跟他建立起良好关系，打开了他的话匣子，他买单的概率就会很高。但这类客户中也会有虚张声势的一部分。这部分人通常不具备相应的消费水平，所以他们会通过夸张的肢体动作来安抚自己内心的紧张或落差。

3. 侧头动作

这个动作可以反映出两种信号：一种是表示拒绝，另一种则是表示感兴趣。

如果客户保持头部向一边轻微侧倾，就属于感兴趣的肢体语言。就像女生对某个男生有好感时，她会经常在男生面前出现侧头的动作。

如果是左右来回侧头，或向一侧大幅度转头，就等同于摇头了。摇头这个动作人与生俱来。例如，母亲把婴孩喂饱之后再拿奶瓶逗弄婴孩，婴孩就会出现摇头或把头侧向一边的拒绝性动作。

当你看到客户出现左右来回侧头的动作时，就要意识到自己的某些举动或言语引起了客户的反感，或者这位客户并没有购买意向。

◎ **本节思考**

在实战中运用点头、仰头、侧头的动作，观察并记录使用效果。

第五节 如何利用手部动作发起攻势

手是人体最灵活的部分,也是为我们提供便捷生活必不可缺的部位。在原始社会中,人用手来劳作,以确保自己的生存。随着时代发展,手势成了一种强有力的"语言",并蕴含了文化意义。

唐代诗人杜甫曾用"翻手为云覆手为雨"来感叹上层社会的权谋复杂、尔虞我诈。在现代社会,手部动作甚至可以被称为人的第二张"嘴"。当我们与别人面对面交谈时,我们的手很难保持僵直不动,双方都会有丰富的手部动作。

手部动作可以呈现出好几种含义。如果你能在销售过程中恰当地使用并敏锐地识别这些含义,则可以为你的销售业绩助力。

案例分享

销售员和销售主管经常会以搭档的形式去攻单。

销售员:"王先生,您上次看中的商铺,这次正好中秋搞活动,可以打9.8折。核算下来,也可以省一笔钱呢!"

王先生:"才9.8折,你这也没什么诚意。这商铺我都来看过好几次了,就这点折扣,你就把我叫过来?"

销售员摊摊手,说:"您看,我这权限小。要不我给您问问我们主管,看看能不能再给您一个内部折扣?"

王先生:"行啊,让你们主管来跟我说。"

销售主管:"王先生,您好。我听销售员说您都看过这间商铺好几次了,您真是太有眼光了!我们也觉得这间商铺的位置好,而且正在商场的动线上,到时候客流量也大。"说话的同时朝客户竖起了大拇指。

王先生："嗯，我们也不多说了。销售员也很卖力，一直在跟我联系，你就说，最多给我打几折？"

销售主管："销售员给您9.8折，我这里最多再为您争取到9.5折。"

王先生："太少了。"

销售员连忙跑过来，伸出手掌对着销售主管说："王先生今天是专程过来谈这间商铺的。折扣合适的话，这事今天就成了。是吧，王先生？"

王先生："嗯，可以这么说，主要还是看你们的诚意。"

销售主管压掌，说："行。那我跟您这么说，今天签单，我最低给您打9折。我们这里9折的名额只有2个，一个我留给亲戚了，另一个就给您了。但这事要保密，因为9折都是提供给员工享受的内部福利。"

王先生："成交。"

● 案例解读

手部动作是能够体现一个人的社会地位的。社会地位高的人，时常使用掌心向下的手势（压掌），压掌代表着镇压。在案例中，销售主管用压掌的手势来强调员工内部折扣的事情，务必要保密，不能外泄。

而掌心向上则体现出一种低姿态，如街边的乞丐，多用这样的手势。同时，掌心向上还表示自己毫无保留，坦露了所有的一切。就像案例中的销售员对客户做出这样的手势，用来强调自己已经为客户争取了最大的优惠。

所有肢体语言的解读，都需要你的观察力。

1. 双手握拳的解读

当你发现客户双手握拳时，就说明客户此时的购物感受不好，很可能他觉得拘谨、紧张。

这时你就要采取缓解客户紧张状态的方法，一般的做法是递杯水给客户。这样做的好处是改变客户双手握拳的姿势，吞咽也是一种让人放松的动作。

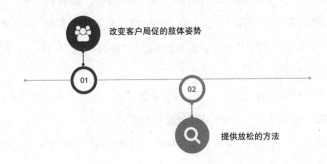

缓解客户紧张状态的方法

2. 指尖动作的应用

当我们从事精细活动的时候，常用指尖来完成。同样的，当你在介绍产品功能细节时，用"捻针"这样的指尖动作加以配合，会让客户感受到产品制作的精良。

此外，金字塔形的手势，可以增强你说话的可信度。我们经常在美剧中看到，有地位的权威男性在发表演讲或参加会议时，会将两只手的指尖相互碰触，形成金字塔的形状。这种手势代表的是一种具有信心的态度，而客户偏爱那些有自信的销售员。但这一手势不宜过长时间保持，否则会给客户留下过分得意或自大的印象。

3. 手掌摩擦的解读

摩拳擦掌是大干一场的准备动作。当客户被你的营销话术打动，有了想购买的念头时，手部动作也会随之产生。如果出现了双手搓动的手势，就说明你的推销十分顺利，客户已经兴奋，并且想拥有这款商品。

如果你观察到客户出现了食指与拇指摩擦的动作，类似于数钞票的动作，就表示客户在价格方面还有所想法。此时，你便可以从这个角度跟客户沟通以促成交易。

4. 增加权威感的手势

销售中有一种方法是 A 角、B 角相互配合。A 角是当前的销售员，B 角则是销售员的同事，帮助 A 角在这次谈单中扮演"销售总监"的角色。

当 A 角的客户提出需要有更多的价格优惠或是活动优惠时，A 角就会请出"销售总监"B 角。这时"销售总监"要通过什么样的手部动作让自己的身份看上去更真实可信呢？

B 角可以将双手背在身后，形成领导者的姿势。当我们把双手背在身后时，我们的胸腹会自然挺起，显得更有优越感和自信感。

通过这样的身体姿态，可以让客户相信"销售总监"给出的优惠力度。

5. 手掌向上的运用

手心摊开向上是一种向对方表示自己手中没有武器、没有威胁性的姿势。这样的手势在销售过程中使用，可以表现出销售人员的亲和力，避免让客户觉得有消费压力。

同时，如果你希望获得客户的信息反馈，你就可以将手心摊开向上并轻微指向客户，示意谈话权的转移。

手心向下则有镇压、拒绝等含义，不宜在销售过程中使用。

6. 隐藏起双手的含义

销售旺季时，销售人员忙的时候会有接待不过来的情况。这个时候要优先选择那些与你交谈时双手袒露在外，并有积极动作的客户。

那些跟你说话时把手放在你的视线之外，或把手插在口袋里的客户，购物意愿通常较低。如果他向你询问了很多关于商品的问题，那么他可能仅仅处于商品信息收集与对比的阶段。

当人们把双手隐藏起来的时候，通常是为了避免暴露自己的真实情感。就像小孩子撒谎的时候，他们会出现把手放在身后或双手握拳的动作，其道理都是一样的。

销售员可以多练习张开手掌的姿势，这样的手势会让你在与客户交谈时显得更有诚信。

◎ 本节思考

（1）记住各种手势的含义，并频繁练习，直到熟练掌握。

（2）根据每一次使用的情况记录客户的反应，随时调整与改进。

第六节 与客户对话时，怎么站位让人比较舒服

销售员在向客户推介商品或回答客户的提问时，应以什么样的姿势站立才能让客户获得极佳感受呢？

案例分享

在商铺销售中，销售员之间也存在业绩竞争。按照行规，进店客户谁先搭话成功，这单生意就算是谁的。

但为了避免恶性竞争，销售员们也约定俗成，不主动抢客，而是由进店客户自由选择，客户主动与哪位销售员搭话，就由哪位销售员跟进服务。

销售员李冰大学刚毕业，为了先找一份工作积累经验，就应聘当了服饰销售员。起先，客户进门都不会搭理她。因为她看着年纪小，穿着又学生气，也不懂化妆，显得有些土气，客户都不认为李冰能为他们推荐适合的服装。

后来李冰总结了经验，在上班时换上了店铺中的热销款服饰，而且每次看到有客户进店，她都会站姿挺拔，面露微笑。

经过了这样的改变之后，主动选择李冰服务的客人越来越多了。

● 案例解读

一个人的站姿,能够快速地体现其精神面貌,所以销售员要多留意自己的站姿,哪怕客户只看一眼,也能提高对你产生好感的概率。

1. 侧身对话

我们可以先从自身的感觉来做对比。咄咄逼人、盛气凌人、气势汹汹,会给人造成心理压迫感,如果你站在客户的正面,并且离客户太近,就会呈现出这样的感觉。所以,在初次接待客户时,正面对话并不是最佳的角度。

如果站在客户的身后做跟随状,你便不在客户的视线范围内。在对话过程中,客户需要回过头才能与你有良好的沟通。显然,跟在客户身后也不是最佳的对话姿态,并且这样的对话姿态从心理层面来说,显得销售人员地位过低。类似随从、侍卫的角色,属于跟在主要人物身后的"奴仆"。

而我们提倡的是专家式的销售员,这类销售员通过专业技能与对产品的了解为客户提供购物咨询服务,所以与客户的地位应是平等的。越是单价较高的商品的销售员,就越不能把自己的地位放低。

值得参考的对话姿态是,站在客户的身旁偏45度角处,这样会给客户一种陪伴的感觉,同时,销售员的脸庞仍然在客户的视线范围内。这样的交谈姿势有助于营造一种友好、平等的沟通氛围。你可以回忆一下,你与你的好友对话时采用得最多的姿势,这种姿势必然是让彼此都觉得舒适的姿势。

当你与客户属于初次接触时,便可以多采用侧身沟通的姿势。

2. 正面对话

如果你与客户已经有了一定的关系基础,就可以适当地站在客户正面对话。

正面对话不适宜对新客户使用,但可以对老客户选择性地使用。因为正面对话的优势在于,对方的注意力会全部投射到你的身上,此时你可以将自己的信息传递发挥到最大值。

通常这样的姿势还可以作为一个测试反馈,也就是看你的客户是否跟你一样,把对方当成朋友。测试方法如下：主动站到客户的正面，向客户做商品推介。如果客户没有移动身体，就说明你们的关系还算稳固。但如果客户出现了不自觉的身体移动，就说明客户可能并不认为你们之间的关系如你想的那般亲近。

一般来说，我们的正面有心脏和柔软的腹部，为了避免危险、受袭，我们会本能地与他人保持距离，尤其是正面距离。除非对方是经过我们的"安全检测"，被认为是安全无害者甚至是我们喜欢的对象，我们才会缩小自己的安全空间。

若你并没有通过客户的"安全检测"，却以正面近距离的姿态与对方交谈，那么对方会本能地转动身体或退后，恢复自己的安全空间。

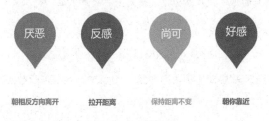

身体距离测试好感度

在人际交往中，身体朝向与空间距离都能表现出双方的关系与沟通的融洽程度。所谓销售，就是要先把自己销售给客户，让客户认同并喜欢你，这样成单也就是水到渠成的事情了。销售员可以利用自己的身体朝向与恰当的空间距离，为客户营造舒适的对话环境，这样更有利于加快客户对销售员的接受速度。

镜像神经元理论

每个健康人都拥有一群被称为"镜像神经元"的神经细胞，我们的认知、学习、模仿等能力都是建立在镜像神经元之上的。

直观地来说，当我们在电视中看到一些血腥的画面时，虽然这种恐怖的事件并没有发生在我们身上，但在镜像神经元的作用下，我们会"感同身受"。例如，在电影中看到特技演员被火烧着的镜头，我们会感到身体紧张，仿佛能同步感受到当事人的痛苦，这就是镜像神经元起到的效果。

在日常社交生活中，我们也能从别人的表情、动作中感受到镜像神经元的作用。当别人对我们微笑时，我们也会报以微笑；当别人对我们表达出蔑视的态度时，我们也会"回敬"对方。这也是为什么我们在销售工作中要善于控制与运用我们的肢体语言的原因。在镜像神经元的作用力下，我们对他人的态度，会通过这些肢体语言毫无保留地暴露出来。所以，当我们想与客户拉近距离时，并不需要刻意地说很多恭维的话，使用肢体语言会是一种更加有效、更加高级的方式。

◎ **本节思考**

（1）在销售实战中使用不同的站姿，然后选择较受客户欢迎的站姿，并记录客户的反应。

（2）找到自己的招牌站姿，并在每一次与客户接触时都保持这种姿势，逐渐培养自信，同时记录不同客户的不同反应。

08

第八章 在有效的时间内创造最好的业绩

最佳时间管理秘诀——你对时间的主观感受
销售时间管理法——把时间用在最易出单的客户身上
如何高效利用自己的每一天
建立有效对话的沟通技巧
识别购买决策人,提高时间利用率

第一节 最佳时间管理秘诀——你对时间的主观感受

销售队伍中常见的是年轻、有活力的员工,因为销售工作不但要靠脑力,还要靠体力。

我在房地产公司任职的时候,听到房产经纪人抱怨得最多的是,自己既要做单,还要应付公司的各种流程,填写各种表单、数据,写工作报告,他们觉得自己的精力、时间明显不够用。跑盘一天回来还要开会,这些都做完后还要加班填写工作文件,补足各种工作文档,这些工作甚至侵占了他们的睡眠时间。

工作强度大,睡眠时间不足,又要应付各种不同素质的客户,这样的工作特质也对销售岗位提出了要求,很多公司都倾向于招聘年轻、体力好、形象佳、有亲和力的销售员。

符合这些条件的销售员,在谈单方面可能具有优势,但在时间管理方面则较为欠缺。他们中的很多人都缺乏高效应用时间的经验与总结。

当然,有心想提高自己的时间管理能力的销售员,自然会留意众人比较推崇的时间管理法。其中,番茄工作法就是较为常见的时间管理法之一。在这样的方法指导下,人可以在短时间内专注于手头的工作。因为番茄工作法是让人在短时间内抛开其他会打扰目标工作的事件。

但这样的方法不太适合销售员,因为销售员要随时保持手机的畅通,客户的电话与微信会随时随地进来,并且客户对于销售员的期望是,客户需要销售员时,销售员便要即时回复。在客户看来,销售员对于客户信息的响应速度,代表着销售员认真对待客户的程度。在这种情况下,销售员很难应用番茄工作法。

除番茄工作法外,还有一种是四象限时间管理法。它要求我们将工作事件分为四大类型:重要且紧急的、重要但不紧急的、紧急但不重要的、不重要不紧急的。

划分工作优先级别，的确可以提高我们的工作效率。但在具体套用时间后，我们往往会发现，即使是不紧急、不重要的工作，也需要花时间去完成。因为在公司制度与部门管理的要求下，我们很难自主选择减去某些工作。更重要的是，在刚跟进的每条销售线索中，我们很难分辨哪条会成功，哪条是百分之一百无效的线索。所以，从这个层面来说，销售员用四象限法来管理工作时间的难度偏高。

销售员到底应该怎样提高时间管理的能力呢？

时间其实是一种现实现象，但我们对于时间的感觉却是一种主观感受。我们可以将重点放在如何处理自己对于时间的主观感受上。当我们的主观感受良好时，我们的身心状态也会很棒，这时的工作效率就能提高。

举个例子：假设你现在是一位不善于学习英语的学生，为了应付第二天的课文默写而在背诵。背单词时你会感觉时间过得很慢，呼吸不畅，浑身都不舒服。背完了单词之后，你或许会感觉非常疲惫，头晕、犯困。在这样的身心状态下，即使你耗费了一个上午的时间在复习英语上，你的复习效果仍然会很低下。但到了双休日，你可以打游戏，你就会觉得一上午时间过得就跟一小时一样快。即使过了一个上午，你仍然觉得自己的状态很好，整个人轻松愉悦。

倘若我们能在工作时调整好自己对于时间的主观感受，那么我们的工作效率就能有所提高。

调整对于时间的主观感受，可以从以下几个方面入手。

1. 调整自己的生理状态，不勉强自己做让身心受损的事情

如果你连续几天加班到晚上十一二点，那么你的身体会不断地发出信号，告诉你不能再这么继续了。此时的你会进一步失去对于工作的激情，转而被压力所牵制。你的大脑会产生更多的负面情绪与想法。

在这样的状态下，你会发现自己的工作效率下降。新客户难开发，老客户难维护，跟进的销售线索也达不到自己期望的开单数。这就是我们常说的：工作不在状态。

当我们的身心处于糟糕的状态时，我们对于事件的理解力、应急处理力及创造力都会受到抑制，甚至会影响到我们的睡眠、饮食等。从这个层面上来说，我们要做的第一步就是辨识。

辨识个人身心状态，如果发现自己已经不在工作状态，就需要先暂停手头的事务，不要强迫自己硬着头皮去做。因为在这种状态下，即使勉强做了，成果也很有可能会缩水。倒不如先停下，进入第二步：调整。调整也可以有很多方法，只要找到适合自己的那一种就好。

2. 整理手头的工作，不与无意义的事件做纠缠

人是情绪动物，有时候明明知道这件事会占用自己很多时间和精力，可就是不愿放手，想争个明白。

在销售圈子中，总免不了出现抢客的情况。有时对方是故意的，有时就是天时、地利、人和的一种凑巧。此时被抢单的销售员极易出现负面情绪，而负面情绪会非常耗费人的精力。

当我们处于负面情绪的冲击下时，要允许自己停下来厘清思绪，斩断无意义事件的羁绊。这样就可以恢复工作状态，使自己的时间更值钱了。

案例分享

20多岁的女房地产经纪人A，介绍了老乡B过来入职。二人感情很好，A想跟B在一个门店里工作，这样也可以照顾到B。

因为B比A小几岁，又是个小姑娘，刚涉足房产销售，没经验也没客户资源。所以A每次谈单，都带着B一起，想让B快点上手。

在这样的带教过程中，有一对看中楼盘的夫妻，特别喜欢B。虽然当时是A和B一起带着这对夫妻去看的房，但之后这对夫妻只联系B。起先B还瞒着A，直到成单之后，A才后知后觉。所以A很生气，认为B是头"白眼狼"，自己这么带着她，她居然把自己的客户给撬走了。

A把这单业绩以抢客为由，投诉到了公司，希望公司将这单的业绩重新划到她的名下。

从系统的记录来看，客户的确是 A 最先录入系统的。但之后由于 A 主动带着 B 一起接触客户，而客户的自由意志选择了 B 作为成单经纪人，后续的交易操作都是 B 一手办理的。所以公司决定，此单的业绩由两个人五五分。

对于 A 来说，当初如果不是自己好心带着 B 一起谈单，这单业绩说不定就被她拿下了。

A 一直过不去这道坎，认为公司处理不公。不但到公司去闹，还在门店与 B 针尖对麦芒。

● 案例解读

从情感上讲，周围人能理解 A 的心情。但从时间运用的角度来分析，A 耗费了自己太多的心力在一单 50% 的业绩上，而且投入了大量的时间和精力，得到的仍然是失败的结果。这对 A 来说是一个打击，所以 A 当月的业绩很差。

如果在感知到自己的状态受到影响后能够停下来，先让自己平静下来，然后按照流程去申诉，将事件告知相关人员，接着回到自己的本职工作中，那么不但能维护自己的形象，也能最大限度地确保自己的工作状态不受某个人或某个事件的拖累。

3. 使用代币法增加自己的工作动力

代币法也称为表征性奖励制，即完成某个工作任务后，可以获得对应的奖励。这是行为主义心理学家提出的。通过这样的方法，我们可以刻意塑造行为。

我们都喜欢放松、舒适的生活环境，但工作大多是紧张的、有挑战的，容易使人产生紧张感与疲劳感。但如果我们能设置适合自己的代币法，就能在工作时更加投入。

可以根据自己的销售工作，设置类似下列的奖励。

（1）当天电话跟进 5 名老客户，可以获得 5 枚硬币。

（2）每天即时将客户信息录入到资料库中，可以获得 10 枚硬币。

（3）当天有成单，可以获得 20 枚硬币。

代币兑换条件如下。

（1）积满 10 枚硬币，可以多休息 20 分钟。

（2）积满 20 枚硬币，晚上可以多看 30 分钟电影或打一会儿游戏。

（3）积满 50 枚硬币，可以奖励自己吃顿 200 元以上的晚饭。

因为这些兑换奖项都是我们按照自己的喜好而定的，所以可以让我们身处于繁忙的工作中，依然保持对自我设置的奖项的期盼。同时，通过观察自己桌面上的储币罐，我们可以实时了解自己的工作状态。

如果你发现大半天的时间已经过去，但自己的储币罐中依旧空空如也。那么或许你需要停下手头的工作，使用前文中介绍的方法，梳理下目前正在进行的工作，删除那些无意义但占据你精力的事务。

4. 设置触发任务，将时间投入到有效的产出中

销售员经常会遇到的烦恼包括没开单、客户质量低下、拓客困难，这些综合情景构成了销售员的困境。而在这样的困境当中，很多销售员会将时间投入到无效的事件中。这也能理解，因为人一旦受到挫折，难免会产生负性思维，尤其是销售员。销售员工作压力尤其大，因为涉及岗位淘汰。

如果你第 1 个月没开单，可以安慰自己是新人；如果你第 2 个月没有开单，那么资深销售员就会认为你不够用心，或者认为你并不适合做销售员；如果你第 3 个月还没有开单，那么或许你已经做好了被开除的准备。

当遇到问题时，正确的处理方式应该是正面应战。也就是说，消除自己压力的最佳方式是找到问题的解决方式。越是回避问题，对你的影响就会越大。

具体的操作方式：如果出现了……（触发点），我就去做……（链接行为）。

你可以将工作中遇到的问题套用到这条公式中。例如，出现了客源不足的情况，就每天多带看一组客户，从每组客户中至少争取一条新客户线索；或者每天多打 5 通客户回访电话，在自己的资料库中至少更新或新增 3 条客户信息。

我们可以看到，由问题触发的行为都是直接作用于你想要的工作结果的，具体的、落地的行为总能带给你收获。

案例分享

我做门店巡视的时候，曾看到过店长与业绩不佳的销售员谈话，我在旁边进行了观察。

这名销售员已经入职两个月，一单也没做成。组长找他谈过话，也未见起色。这次由店长亲自谈话，也算是敲打这名新人了。

从谈话的内容和表现来看，这名销售员知道自己的业务能力令领导很不满意，而且表示自己已经很努力了，有强烈的开单企图心。但当店长问新人做了哪些努力时，新人的回答是很抽象的："我认真跟组长学习，跟老业务员学习。可能是我还不够努力吧，我会继续努力，争取早日开单。"

店长一针见血地训斥道："你学的东西都用上了吗？你每天找过客源吗？"

新人低头闷声说："找过。"

店长："找了几个回来？"

新人："两三个吧。"

店长回过头问组长："每天找两三个新客户回来了？"

组长更正说："哪有？！大半个月才找了没几个新客户。"

新人的头埋得更低了。

从态度上来说，这名销售员还算是端正，至少他明白自己的业绩的确不理想。于是在他们谈话结束后，我跟这名销售员搭话道："我看你到现在还没开单，心里也挺着急的。"

销售员："是啊。我也不知道该怎么做，我已经很用心了，但这单子就是谈不成。可能是我运气不好吧。"

我继续问道："那你为单子犯愁的时候，会怎么打发时间呢？"

销售员："我有时会跟同寝室的人一起去吃夜宵，他们有时也会安慰我。"

我提问道:"他们的安慰或许可以让你心里暂时好受些。可你一回到门店,免不了又会想到自己的业绩压力。那你怎么办呢?"

销售员苦恼地说道:"哎,我也不知道该怎么办。不瞒你说,我现在看到门店心里就犯怵。有时我都不想进门店,想着一天都外出跑客好了。"

"你能不能帮帮我?你跟店长说说,让他把我的观察期延长。我一定好好跟着组长做业务。我现在没开单,下个月一定能开单。"销售员用殷切的眼神看着我。

● 案例解读

这样的销售员没能开单是非常可惜的,因为他有一颗愿意学习的心,也有对开单的强烈渴求,差就差在他没有把时间投入到有产出的事件上。

店长非常有经验,谈话初期就把问题的实质给点了出来,那就是,要解决开单的问题,就要多找客户。

这名销售员不仅缺乏销售经验,连基础的职场经验也不具备,他没有听懂店长话里的意思。

在遭遇开单挫折的时候,他选择将时间投入到与室友吃夜宵、接受室友的安慰上。或许这可以在一定程度上缓解他内心的焦虑,但只要进入工作环境,这份焦虑感便会再次将他吞噬。

销售员仍然选择不正面应战,而是转向求助他人。希望通过我来得到观察期的延长。这种非正常工作流程是不能安排的,除非由于特殊原因,才可以由店长向公司提出观察期延长申请。求助遭到拒绝后,对这名销售员又是一个打击,此时的他会随着时间的流逝越来越焦虑。

这名销售员与其像自己所说的"努力学习,用心跟着组长做单",还不如使用前文提到的公式,让自己的行为具体化。有效使用自己的工作时间,就是最佳的时间管理方法。

◎ **本节思考**

（1）你是否善于自我调整，让自己始终处于最佳状态？

（2）找到适合自己的调整方法并记录下来。

第二节 销售时间管理法——把时间用在最易出单的客户身上

每个人一天的时间都是一样的，谁会利用时间，谁的成绩就更优秀。对于销售员来说，有效利用时间的方法就是对客户进行判断与分类。

案例分享

在装修公司中，设计师就是销售员。他们需要去客户家量房，然后跟客户沟通设计方案。最终，客户采纳设计师的方案，选择这家装修公司。

对于客户来说，在付定金之前，他可以约多名设计师上门量房，然后在多家装修公司中进行挑选。

但从量房到出设计图，跟客户沟通，会耗费设计师大量的时间。所以，对于设计师来说，观察量房客户是否容易出单，然后合理地分配自己的工作时间，会是很讨巧的工作方式。

来看两个案例。

李萌萌是三口之家，买的是学区房。她联系了设计师量房，设计师提前到达没多久，李萌萌和丈夫也到了，带领设计师进门后详细说明了他们对于装修的要求和期望。

王田是一位年轻的女白领,房子是父母留给她的,装修陈旧,她想重新装修一番。电话中她跟设计师约好了量房时间,但放了设计师鸽子,让设计师改天再去。设计师为了单子,也不敢跟客户翻脸。虽然这次白跑一趟,却也只能忍住脾气,热情地跟客户预约了下一次的量房时间。

第二次上门量房之前,设计师特地跟王田再次电话确认。电话中王田说:"我这会儿走不开呢,下次吧。"

案例思考

如果你是设计师,你会如何服务这两位客户?

案例解读

首先,第一位客户李萌萌有时间观念,到了约定时间她就出现了。这也从另一个角度表明这位客户有契约精神,而且尊重人。其次,她的丈夫与她一起来,这样的客户成交概率大,因为她的家人已然加入了销售的互动过程。

第二位客户王田没有时间观念,没有尊重设计师的时间。从心理地位上来说,设计师在客户心目中的地位低下。尤其是对于设计师这类先服务、后收费的销售类别,为这样的客户服务起来会比较心累,成单概率也相对偏低。

作为销售人员,要准确判断谁是优质客户,这样就可以有的放矢、有针对性地进行攻坚战。一般来说,优质客户必须具备以下3个条件。

1. 有商品购买需求

销售员并不需要为客户建立对于商品的认知及购买需求，这些已经由客户自己完成了。销售人员只需要唤起客户购买商品的欲望，并建立起信任感即可。就像是新产品刚面世，客户根本不知道这些产品背后的原理，以及商品能给客户带来的收益。此时销售员在建立客户对于商品的认知上往往需要花很长的时间，这对于销售员来说是非常耗时间的。所以大部分公司会将这项工作交给市场部去做，如投放广告，找名人代言，请意见领袖撰写使用心得等。

这就说明，销售员需要尽可能地判断手上这些客户哪些是已经对商品有认知与购买需求的。从这一群体下手，才能更有效地实现成交。

2. 有资金

谈得再投机的客户，任凭他有多想购买产品，如果没钱，一切都是白费。所以，有资金是必要条件之一。

3. 是购买决策人

销售员可能都遇到过这样的情况，好不容易谈了一个客户，快要成单了，突然出现的客户的朋友或家人表示不同意购买。这样的情况会让销售员的辛苦工作付之一炬，所以销售员一定要判断客户是不是购买决策人。

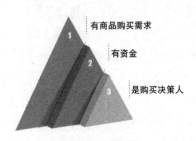

评估客户优先级的三要素

客户的情况是动态的，不会一成不变。就像商品购买需求，客户可能在一个月之前还没有需求，但在一个月之后他生成了购买需求。所以销售员需要创建自己的客户资料库，便于自己跟踪客户，进行客户分类，从而有助于高效成单。

建立客户资料库类似于资料盘点，销售员可以更好地回顾与总结自己工作的开展情况。当资料库创建完整之后，销售员可以使用"巴雷托"分类法（又称为ABC法）将客户进行分类。

A类客户代表他符合优质客户的3个条件：有商品购买需求，有资金，是购买决策人。销售员的资料库中可能这类客户的数量并不多，但价值高，所以他们应该受到销售员的重视，享有最佳的客户服务。销售员可以在A类客户上投入更多的时间与精力。对于这类客户的攻单方法，可以学习本书第二章第一节中提到的原一平的案例，该案例的扫码音频也可以作为参考资料。

B类客户代表他符合3个条件中的任意两个条件，销售员可以把这类客户看作是有潜力的、需要培育的客户。

C类客户代表他符合3个条件中的任意一个条件，这类客户量大但价值低。销售员不需要为他们花费过多的精力，但也不能全然放弃他们，可以时不时地给予关注。

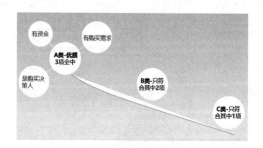

3种客户分类方法

当你有了明确的客户分类表之后，销售员便可以更好地控制和安排自己的时间，将精力投入到最容易出单的客户身上。

◎ **本节思考**

建立客户资料库，每天复盘，将新客户的信息加入到自己的资料库中并分类。

第三节 如何高效利用自己的每一天

销售员每天上班需要做些什么呢？他们需要熟练地掌握系统界面操作与内容填写规范，在通话前还要对客户资料提前做一番了解，以便运用最得当的推销话术。

在一天的工作结束后，有上进心的销售员还要对当天的工作数据做盘点，总结一天的收获与改进点。将手头的客户资料再梳理一遍，标记每个客户的类型与可跟进线索。单是罗列这项工作，就能看出销售不仅是一件压力大的工作，还很烦琐。如果不对时间进行有效管理，那么人在超负荷的工作状态下，精力会被慢慢耗竭。

案例分享

又是新的一天！李一元气满满地来到了自己的工位上，告诉自己今天一定要开单。

李一打开公司分配给他的客户名单，准备开始打电话。这时，他的微信响了，他放下话机先看了微信，原来是领导让李一把昨天的日报发给他。

领导的事情不能耽搁，李一又打开了报表，准备把昨天的工作数据录入到表格中。这时，李一发现数据都记录在本子上了。

本子去哪儿了？怎么找不到了？

李一坐在工位上回忆了一会儿，想起昨天倒水的时候是拿着本子的，倒完水好像把本子忘在茶水间，没有拿回来。

于是，李一只能起身向茶水间走去。果不其然，本子在茶水间。既然已经来了，就给自己泡杯咖啡吧。

回到工位上，喝着咖啡，李一心想：反正已经过去这么久了，领导也没再来催。

干脆昨天的报表先不发,等今天的数据一起发吧。

李一又拿起了话机,再次打开客户名单,拨打了今天第一个陌拜电话。电话还没接通,李一的手机响了。他挂断了外呼电话,接听了手机来电。原来是领导等得不耐烦了,直接通过电话让李一交报表,并且在电话中批评了李一不认真的工作态度。

挂断电话,李一心情很糟。重新打开了日报模板,翻开本子,开始做昨天的数据报表。

等李一发送了报表,调整好心情,再次开始拨打客户电话时已经是下午了。

● 案例解读

我们发现,案例中主人公的工作状态是很混乱的。他最能实现开单的工作内容就是外呼电话,但总是被其他事务所耽搁。

即使他手忙脚乱地搞定了这些繁杂的事件,下午外呼的工作效率也不会高。因为他的工作习惯与领导对他的批评,都会影响他一天的工作状态。

如果你在看这个案例时也有代入感,不妨回顾下自己每天的工作,然后将自己的工作节奏做下调整。把重要工作事务筛选出来,放到第一优先级别进行处理,把不良的工作习惯找出来进行改正,这能极大地提高你的工作效率。

如何将有限的时间进行合理应用呢?

首先你需要具备高效使用时间的意愿,只有当你发自内心地觉得时间管理是个重要事项时,你才会愿意对自己的行为做出调整与改变。

实际上,当你能高效利用时间后,你的工作效率自然会得到提升。这样你不但能从工作中获益,并且出色的工作结果会提升你的自信心,令你达到高涨的工作状态。

1. 保持短时高效的工作状态

按照一天 8 个小时的正常工作时间来算，不用要求自己在这 8 个小时里一直保持亢奋的状态，可以分阶段来完成工作。但是在每个小阶段内，你要确保自己的工作不被打断。因为人的注意力是很容易被转移的。根据加利福尼亚大学的研究结果显示，一个销售人员平均每 11 分钟会产生一次注意力的转移。而每次注意力的转移，都需要耗费 25 分钟的时间才能回归到工作上。

试想一下，当你的微信响了，你自然会好奇是什么消息。点开消息后，你又会想要不要回复，该如何回复，这样就占据了你的工作时间。所以，这些都会打断你的工作思路，对你的状态造成干扰。

当你为自己的工作分阶段后，在每个工作阶段内，你可以有意识地将这些干扰暂时隔离。当完成了阶段工作后，用间隙时间来处理微信消息、邮件等事件。

2. 将时间聚焦在能成单的工作上

销售员的主要工作目标是开单，这就意味着你要不断地去开发、接触新客户。但不少销售员仍然不可避免地要与老客户联系，原因是老客户对销售员最熟悉，在售后事件上会倾向于找自己熟悉、信任的人，这时销售员就会成为老客户青睐的对象。而大多数销售员出于对客户负责，以及希望老客户为自己引荐新客户的目的，会耗费不少时间在售后服务上。但售后服务是与销售无关的工作，销售员需要区分清楚自己的工作重心是应该放在开单上还是放在售后服务上。

如果你的目标是提升自己的开单量，你就需要把时间更多地放在给新客户打电话、做主动营销等方面。如果你的目标是让老客户认可你，你就要主动联系老客户，表达自己的关心。

我想，应该很少有销售人员会选择以第二种途径作为自己的主要开单渠道，因为服务式营销转化的周期长，需要销售员投入的服务时间与精力很大，而每个人的时间都很宝贵。当你也拥有了自己的日程表之后，你的个人产值也会上升。当你善待时间时，时间也会给予你相应的回报。

◎ **本节思考**

回顾并记录下你每天所浪费的时间,次日进行优化。持续两周后做对比,看看自己的工作效率是否得到了提升。

第四节 建立有效对话的沟通技巧

销售员时间宝贵,与其埋头苦干、费时费力,不如划分出一部分时间,应用一些新的销售技巧,为自己开拓更好的方向。

销售员的工作目的是寻找客户,并将手中的商品成功地推销给客户。如果你将每天与客户对话的时间做个分析记录,你就能发现在这段对话期间都做了些什么。

有效的销售对话,主旨是快速与客户建立起友好、互信的关系,然后将话题引到成单上。一天24个小时,销售人员每个工作日至少工作8个小时,其中与客户接触的时间不应少于50%。所以,如果销售人员能避免无效的对话内容,提高沟通质量,就代表销售工作的效率得到了提升。

什么是无效的对话内容呢?

如果你在逛商场的时候,留意过销售员的推销,你就会发现,处处都是鲜活的案例。

案例分享

一位卖袜子的销售员,听到客户睡觉习惯穿睡裤时,表示自己睡觉从不穿睡裤。

客户听了之后觉得很诧异，还有不穿睡裤睡觉的人？光着两条大腿不冷吗？

销售员则表示这样睡觉很舒服。

● 案例解读

如果销售员与客户的话题一直停留在睡觉穿不穿睡裤的问题上，这就是无效对话；如果他能将话题引导至与袜子有关的话题上面，这就是有效对话。

案例中的销售员的做法并非毫无可取之处。在与客户对话初期，应跟随着客户感兴趣、想讨论的话题走，只有这样，销售员才能更好地与客户建立起关系，了解关于客户的更多销售线索或痛点。

这位销售员通过与客户的闲谈，了解到客户体质畏寒，接下来就可以开始有目的地转移话题了。他可以向客户推荐保暖袜子，这就是无效对话向有效对话的转变。

总之，只要对话内容是有益于建立关系的，就属于有效对话。

为了实现与客户的有效对话，下面几点问题需要格外注意。

1. 不对客户的观点做评论

一旦你对客户的观点做出评论，就容易让客户把你放在"对手"的位置上。做销售工作，尤其是在接待客户时，有一个原则必须遵守，那就是让客户畅所欲言。客户说得越多，你能捕捉到客户真实痛点的概率就越大。并且这样还可以为你创造一个让客户信任和愿意亲密交流的氛围。

就如案例中卖袜子的销售员，对他来说，穿裤子睡觉是一件难以想象的事情，他自己也从来不会这么做。如果他对客户的习惯妄加评论，那么有极大概率会引发客户为自己的这一行为做出合理化的辩护。不论最终会不会闹得不愉快，对话的导向都从推销袜子变成讨论穿睡裤睡觉是否合理上，这是对销售工作时间的浪费，属于无效对话。

2. 认真倾听客户的真实意见

此处的认真倾听不但是让你抑制住想打断客户说话的冲动，更是向你提出了一个挑战：你要通过一定的方式，表现出自己正在认真倾听客户说话。

哈佛商学院教授杰拉尔德·萨尔特曼曾在他的著作中提到："营销人士需要找到一种可以超越目前仅仅依赖客户清晰表达需求来营销的方法，去发现那些人们不知道但在内心早已存在的东西（潜意识的东西更重要）。"

人与人之间存在潜意识的交流，这一类型的交流更多的是通过非语言信息来进行的。所以你想让客户感受到你正在认真地聆听他，你的非语言信息就要表现出来。例如，当客户语速过快时，你可以表现出稍显紧张的感觉，因为你要追赶上客户表达的语速；当客户声音较轻时，你可以将身体前倾一些，甚至可以用手拢在耳朵后，以此来表达你试图听得更清楚。

心理学小贴士　鸡尾酒会现象

在鸡尾酒会上，环境相对嘈杂，你会听到很多人的攀谈声、音乐声，以及各种其他声音。但你可以发现，有些人依然能聚在一起，很投入地聊天。

他们是如何做到在这么嘈杂的环境中听清对方声音的呢？这就涉及我们听力的原理：我们能有意识地选择想留意听的内容。

在我们的销售场景中，也有与酒会类似的环境，如商场、店铺或是展会，很多声音会让客户分心。这时你能用什么技巧让客户留意听你所说的话呢？

有个小技巧可以学习，就是当客户的注意力开始分散时，你可以适时地称呼对方的名字，对方就会将注意力集中到你身上。这是我们童年时期就被训练出来的一种习惯。

我们的父母对我们有行为指令时，都会叫我们的名字。我们也被父母要求，一旦听到名字，就要及时做出反应。后来我们进了学校，老师也有同样的要求。长此以往，只要被喊到名字，我们就会下意识地将注意力集中到对方身上，留意听对方发出的信号。

◎ 本节思考

（1）尝试使用身体姿态表现出对客户认真倾听的态度，观察一周后，做个自我总结。

（2）分析自己与客户的对话，分别找出有效对话与无效对话的内容。

第五节 识别购买决策人，提高时间利用率

找对人，做对事。在公司开跨部门会议的时候，我们都希望拥有决策权的部门领导出席，而不是由"二把手"来参加会议。因为"二把手"决策权有限，对于会议上讨论的议题往往会询问很多信息，并提出不少质疑。在花了大把时间进行沟通之后，他又无法拍板。我们只能眼巴巴地等他回去汇报领导，由领导再做决定。这样整个流程的周期就被拉长了。

做销售工作时，同样的情况也会上演。你有可能接触到的客户只是部门主管，他们会对你的产品推介表现得非常感兴趣。当你以为有戏的时候，他们却不明确表态。这就让销售员感到心累了，一颗心一直被悬着：这位客户到底是买还是不买呢？

但作为销售员，当你接触到一位对你的产品感兴趣并且表露出购买意向的客

户时，你总是希望这段联系能够开花结果。

为了让客户满意，你又勤勤恳恳地投入了不少的时间和精力，生怕由于自己的不尽心而错失了这单生意。如果你能找到购买决策人，并且跟决策人直接沟通，决策人便有权限给予明确的答复，销售时间的利用率就可以大幅提升。

如何判断自己接洽到的是否为企业方负责人呢？如何判断对方是否拥有购买决策权呢？你可以从自己与对方打交道时的几个方面来进行判断。

普通员工跟你对接的话，只要你做了相关询问，对方便会直接表明自己只是来做了解、先收集信息的，至于是否采购，则要等领导的决定。

销售员遇到这类对接人还不算浪费时间，因为这类对接人只是出于本职工作的要求照章办事，问完了问题，拿了材料，他就回去做汇报了。

真正磨人的"小妖精"是那些不具有决策权，但又有一定业务权限的负责人。他们会很有耐心地跟你交谈，讨论你提供的信息或你的产品定制方案，让你感觉这单生意已经十拿九稳了。但他们没有采购的权限，没有实权，往往就喜欢通过外部人员来获取权力感。

案例分享

销售员："李总，您看，这是按照前几次跟您确定的营销方向选择的APP。我们这款APP针对的主要是白领女性，正好对应贵公司的女装消费人群。"

李总："你们APP日均浏览量多少？如果我上个橱窗，消费转化率预计是多少？"

销售员："我们日均流量很大，但主要还是看上架商品的点击率。这个点击率又跟您选择的橱窗位与页面设计相关。我们也会提供商品页面设计师，您如果在我们这里上橱窗，设计方面我可以给您拿到折扣。"

李总："这个不急，我要先知道你们的日均流量。这样，你回去先把你们的流量数据报告发给我，然后把'领先''拎包'这两家公司的流量、点击率、销售转化数据发给我。这两家的产品跟我们家的风格差不多，消费人群也类似，我要先参考下他们的数据表现。"

销售员："好吧，我先回去问问能不能拉出这些数据。那么李总，设计方面您考虑吗？"

李总："先看数据吧。"

销售员："数据我今天就给您回复，您拿到数据后，什么时候能给我一个答复？"

李总："你也真着急，哈哈。等看到数据后，我才能做决定，你说是不是？"

销售员："哦，好的。"

● 案例解读

在销售员与客户的这段对话中，最终的结果是，销售员的工作没有实现推进，客户却提出了多项要求，并都得到了销售员的应承。

站在销售员的角度来考虑，他是怕流失客户，所以不敢着急推进，也不敢不答应客户的要求。但他怎么能确认，下一次客户不会这样表现呢？也许客户拿到数据后，就没有后续进展了。

所以，在做销售推进时，销售员需要识别对方是不是有审批经费权限的决策人。

当对方有以下3种表现时，就说明他并非购买决策人。

（1）对于你的询问，他们一直不明确表态，并且总能找出一些问题点，让你进一步投入时间和精力为他们服务，从你身上获取权力感。

（2）他们跟你交谈的时候，会问得很细，仿佛这是一项很重大的决定，他们一定要确保万无一失。其实他们只是为了确保自己的汇报质量，而你所提供的很多信息，是汇报中不会被提及的，他们是在你这里寻求一份安全感。

（3）他们会提出很多问题，甚至是关于其他品牌的同类商品的。你为了促成成交，不得不将商品对比和自家产品的优势罗列清楚，此时你便成了对方免费的市场调研专员。

非购买决策人的 3 种识别方法

除了上述 3 种情况外,你还可以通过一些简单的提问来确认对方的真实权限。

(1)询问对方的入职时间。一般情况下,入职时间不长的员工,影响力也是有限的。

(2)询问对方采购流程与限制条件。非购买决策人可能对流程了解,但对于限制条件往往不敢说得太明确。

(3)询问对方的汇报对象。如果对方含糊其词,就能大致判断,对方只是夸大了自己的职场影响力。

用 3 个提问来打探对方虚实

销售人员能获得一位内部联系人已经不容易了,此时似乎容不得挑挑拣拣。但在被"磨炼"的同时,销售人员要具备进一步收集情报、寻找关键人的意识。寻找购买决策人的方法如下。

(1)当你在为非购买决策人服务的时候,虽然他们对于采购没有决定权,但你可以从沟通中顺势了解他们的组织结构。例如,对方问你要资料的时候,你可以选择上门递送资料。这样你可以进入企业内部,了解人员结构信息就更加便捷了。

（2）如果非购买决策人只接受你以邮件方式把资料发送给他，你就可以打电话给他的公司前台，然后应用一些话术技巧，获取对方上级的信息，为自己找到购买决策人铺路。

◎ **本节思考**

每天进行购买决策人识别训练并记录效果。

09

第九章 | 让业绩提升30%的客户回访课

轻松打动客户的销售跟进技巧
重新夺回客户的心,这两步一定要走对
如何让回访客户的工作变得轻松、有效
通过回访打造你的个人品牌

第一节 轻松打动客户的销售跟进技巧

所有销售员的梦想都差不多，就是实现百分之一百的成单率。也就是说，遇到一个客户，就能抓住一个客户，并让客户一次就下单。但谁都知道这不可能，现实往往是残酷的。根据我之前公司的销售数据显示：80%的订单来源于报价后第5次到第10次跟进，10.6%的订单是在第3次跟进后完成的，4.2%的订单是在第2次跟进后完成的，2%的订单是在第1次跟进后完成的。只有1%的订单是在第1次与客户接触时就完成的，这样的概率的确如同中奖的概率一样小。

所以作为销售员，心态一定要调整好，并不是说客户转身离开了，就代表他永远不会购买你的产品。只要你对客户做好了跟进的工作，客户仍然有很大概率在你这里下单。因为你有了更长的时间向客户证明你的专业度，以及对客户的热忱和友善。

案例分享

公司秘书联系了房产经纪人，要给公司租办公室。房产经纪人也带着秘书看了几处地方，秘书都一一拍照，记录下场地信息后回去向老板做汇报。

但若干天过去了，房产经纪人一直没有收到秘书的回应，于是主动跟进。秘书说："老板出差，等回来再说。"

又过了几天，房产经纪人忍不住再次联系了那位秘书。秘书回复："已经汇报了，老板需要考虑，有需要我会主动联系你。"

听上去成交希望比较渺茫，房产经纪人也有些意兴阑珊。不过正巧房产经纪人手上又新增了一处房源信息，距离地铁口很近。房产经纪人想起秘书说过，她的老板希望租个离地铁近的地方，员工上班、客户过来都方便。

房产经纪人再次致电秘书，秘书听过之后又去征询了老板的意见。最终，老板决定租下房产经纪人最后推荐的办公楼。

● 案例解读

客户跟进，不仅是单纯地催促客户做决定，更是一种维系与客户之间的情感的方法。在跟进中可以不断了解客户的变化，并提供给客户新的信息。这些都是有助于跟进成交的技巧。

1. 客户跟进需要体现创新意识

每天都会维护自己的客户，这是一个非常好的工作习惯。如果你有这个好习惯，那么你可以评估一下自己每天跟进客户时所用的话术是否千篇一律，是否说着大致相同的话，机械地重复着脚本。

要想有效率地跟进客户，进行推单，我们可以将需要跟进的客户分为两大类。

第一类：立即跟进型。

销售员跟客户有了接触之后，对客户的需求会有进一步的了解。有些客户已经具备了商品购买需求及资金，只要销售员以更好的服务去消除客户的疑虑，这类客户就会在短时间内实施商品购买。对于此类客户，销售员可以用积极、热情的态度去跟进。

第二类：间断跟进型。

此类客户对商品有购买需求或有兴趣，但暂时资金还未到位。一般情况下，这样的客户并不会直接跟销售员说自己没钱，而是会对商品的价格或优惠活动十分关注。当销售员的商品价格没有空间可以给此类客户的时候，不建议太过频繁地打扰客户，否则容易引起客户的反感。

但不论是哪类客户，作为销售员，掌握一些跟进的技巧是十分关键的。大多数的销售员会选择以远程的方式去跟进客户，如打电话或发微信消息。

前面提到过，销售员需要建立自己的客户资料库，用于动态地关注客户的需求变化，并且标注自己每一次跟客户接触之后所获得的信息。

如果你按照这个方法操作了，那么你每次跟进客户的时候，要根据客户性格类型的不同和你掌握到的情报，在营销话术上进行创新。这样才可以体现出人性化的沟通方式，这也是客户喜欢的交流方式。

如此一来，一方面你可以通过向客户传达一些信息，以增进双方的情感连接；另一方面可以使客户对你的商品有更加深入的了解。这才是有效的客户跟进。如果每次跟进不同的客户都用相同的话术，那么只是在机械性地完成跟进的任务，对成单并不会有太大帮助。

2. 向客户分享行业内信息

每次去做客户跟进前都先问下自己：我这次能为客户提供什么帮助或服务？

如果你的每次跟进都能给客户带去一定的价值，那么这名客户在你这里下单的事就十拿九稳了。例如，你可以收集行业内的信息、客户同行的最新信息等，向客户分享这些信息，还可以提升你在客户心目中的专业形象。

从心理学角度来看，当你向客户分享信息的时候，客户也会向你输送更多的信息。我们生活中有很多下列类似的场景：

邻居 A："我听说隔壁那户人家半夜就搬走了，据说是出了点事。"

邻居 B 立马就会开始分享信息："是呐。你不知道吧，那天我正在……"

销售过程是一个充满变数与机遇的过程，不论最终是否成单，只要你做到了每次跟进都能给客户带去一定价值，那么你的业绩一定不会差。

回访要点小结

◎ **本节思考**

（1）把你掌握的客户跟进技巧列出来。

（2）筛选出最有效的跟进技巧，剔除效果差的跟进技巧。

第二节 重新夺回客户的心，这两步一定要走对

几乎所有的销售员都害怕被客户拒绝，尤其是新人，如果接二连三被客户拒绝，自信心就会严重受到挫伤。

销售员是否能成单，最关键的是客户是否愿意坐下来听销售员介绍产品。有的客户体验完服务之后，一看销售员想带着他去小会议室里谈单，立马就变了脸，直接拒绝销售员。在这样的情况下，销售员之前的邀约、到店接待、服务，以及整个回访、服务过程算是白费了。

为了留住客户，此时销售员的策略可以分两步走。

【第一步：利用自己的人格魅力来做最后的努力】

人格魅力是个比较抽象的概念。有人说：最顶级的人格魅力，就是让人感到舒服。从心理学的角度来说，那就是懂得如何在互动交流中，保持最适宜的心理距离。

套用到销售中，距离"太近"，就是那种会盯着你推销，把广告单直接塞到

你手里销售互动,这种行为毫无人格魅力可言。而距离"太远",就是那种站在柜台的另一边,完全没有主动营销意识的销售行为。除非这位销售员的外貌、气质都很出众,否则对客户来说,也不会感受到对方的人格魅力。

这就对销售员提出了难题,在"谄媚"与"高冷"间,如何拿捏分寸呢?

1. 针对已体验服务的客户

首先,作为销售员,可以跟客户说:"那这样吧,我们就谈5分钟。"设定沟通时间,也是个登门槛的方法:只要同意了第1个"5分钟",第2个"5分钟",第3个"5分钟"就更容易被客户接受,同时也打消了客户担心销售员会拖延时间推销的顾虑,并且一般客户在体验了服务之后,也不好意思拒绝跟销售员的这个提议。

销售员可以利用这5分钟的时间,强调当日购买产品或办卡的优惠。5分钟后手机闹钟响起,客户会对闹钟的声音感到意外,这个时候销售员可以顺势说:"我们刚才说好谈5分钟,现在5分钟时间到了,我要遵守约定。"(如果这位客户在邀约时曾经表示过,体验满意就会买单,那么销售员这样的回应等同于唤起了客户当时给出的承诺、约定或意向。)绝大多数客户这时会对销售员产生守时守信的印象,还有可能会主动说:"没事,你继续说吧。"即使当时没有成单,今后客户如果有购买的意向,也会优先选择这样一位品质得到他认可的销售员。

2. 针对未体验服务的客户

同样,可以运用上述的"5分钟"登门槛法,提高客户应答几率。

或是利用销售员手头的资源,在短短的几句话中,调动起客户的好奇心。一旦销售员说的内容让客户好奇、感兴趣了,那客户就更容易同意停下脚步,来听进一步的推介。

案例分享

销售员站在减肥产品的展位前,给路过的客户发宣传单。

一位中年女性经过,接了销售员递来的宣传单,销售员立马说道:"您来我们展位看看吧。"

中年女性:"不进去了,我还要去买东西。"

此时,你可以这样说。

话术 1 我们今天还会赠送礼品,都是王牌产品,您看我的手臂细吧,就是用了这个产品。今天这个产品还赠送小样。我去帮您拿点儿过来,您可以感受下。您先进来坐坐吧,我马上给您拿来。

话术 2 体重直接影响着我们的外貌,您想看看自己瘦 20 斤之后的样子吗?我们有 AI(人工智能)模拟器,能够精准描绘您瘦身成功后的形象,看起来至少年轻五六岁哦。

● 案例解读

我们看到,销售员的目标客户是中年女性。中年女性的特点是持家、喜欢拿免费礼品、内心渴望变得更有吸引力。

话术 1 中,销售员可利用的资源有自身形象的说服力、礼品小样。当中年女性听到某个减肥产品可以变得像销售员那样苗条,不免会产生好奇。加上今天还可以免费领取礼品小样,多花点时间等着销售员来给自己试用产品也不错。

话术 2 中,销售员可利用的资源是 AI 模拟器。对于中年女性来说,青春已悄然逝去,但在内心中她们渴望恢复青春。现在有这个产品,不论是不是真的有效果,能够通过 AI 技术让自己看看年轻五六岁的样子,很多中年女性是愿意的。最终,回到产品售卖的原则:我们买的不是产品,而是一种概念,一种感觉。就像这款减肥产品,我们推销的不是瘦,而是青春。

【第二步：添加客户的微信，打造自己的营销社群】

如果第一步没能成功，那么第二步添加微信应该不会被拒绝。（这个方法针对之前不肯添加销售员微信的客户很管用。）

在添加了客户的微信之后，销售员就可以效仿电视广告一样推介自己的产品了。商家投放广告都有固定的时间与频次，销售员可以每天在朋友圈发送一条与产品相关的信息，如产品软文、客户签约喜报、个人工作心得体会，类型可以多样化，总的目的在于保持自己在客户的视线范围内。但每日一次即可，多了会有客户觉得是一种干扰，从而屏蔽销售员的信息。

除了在朋友圈发送产品广告之外，还要利用微信朋友圈心理，拉近与客户的关系。看到客户在朋友圈抒发自己心情的时候，适时地附和一句；看到客户晒娃的时候，评论句"宝宝肉嘟嘟的，真是太可爱了"；看到客户过生日时，点赞并送上生日祝福。

这样就维护了你的营销社群，准客户的签单与老客户推荐都可以通过这个方法来实现。

◎ **本节思考**

（1）在推销过程中，你善于利用人格魅力吗？

（2）你成功添加客户微信的概率是多少？

（3）总结你成功添加微信与没能要到微信号的原因。

第三节 如何让回访客户的工作变得轻松、有效

在前面我们已经讲授了做客户回访的技巧。虽然客户回访是一项公认有效的成单推进工作,但很可惜,仍有较多销售员都不喜欢做回访客户这件能够产生效益的事。

案例分享

我以前接触过一位新入职的销售员,他从不做回访。当然,他的业绩也很差。在一次培训之后,我问他:"你有没有试过回访客户,只有成单量上去了,组里才会把优质的客户名单分派给你。"

销售员回答:"我分配到的这些客户,质量都很差。我觉得如果当面都没有办法让他们买单,想要电话回访开单就更不可能了。"

案例解读

这位销售员对自己的回访能力明显信心不足,有畏难情绪。事实上,正因为销售是一项有难度的工作,所以销售岗位的提成才相对较高。

在手头没有优质客户可以发掘的情况下,努力在现有客户资源中寻找机会,是每位销售员都可以去做的事情。只不过在开展回访工作前,可以先为回访客户做些准备,学习相关方法、技巧,这样就能提高自己回访客户的效率与质量。

在做销售培训时,企业讲师会悉心讲授技巧,培训中销售员也都很认同回访的价值,并将课程中的回访技巧记录下来。可为什么销售员一回到岗位上,还是

老样子，对客户回访敷衍了事，甚至不想去做这件事情。

我听了几位一线销售员的反馈，销售员之所以不愿意做客户回访，原因大致有以下几点。

1. 销售工作压力大

销售员每天考虑的都是新客户的开发与对意向客户的跟进，无暇顾及已经实现购买的客户回访。对回访产生新成交的信心偏低，不愿投入这份精力与时间。

2. 回访时不知该做些什么

即使拨通了电话做回访，除了问候客户并询问客户周围是否有朋友可以介绍，其他不知道该说些什么。

出于以上两种原因，大多数销售员都放弃了客户回访。当然，如果你的新客户与意向客户资源富足，的确可以不做客户回访。因为你已经不愁开单了。但如果你手头的资源有限，那就不妨从现有客户名单或从已成交客户名单中，尝试挖掘新的销售线索。客户的需求是动态的，原先没有购买意愿的人，或许有了新的购买需求或带动了身边人产生了购买需求，这些情况，都是你可以在回访工作中做摸排的。

而且，现在的销售市场也有了变化，这些变化也会对客户造成想法、理念上的变动。就像我们现在的销售市场上，可供客户选择的商品越来越多样化，产品和服务每时每刻都在通过各种载体传播给客户，这也导致了客户对于销售员的服务期望值更高。因此，销售员也要提高对自我的要求。

此外，我们的推销风格也发生了变化。以前的销售员会将60%的精力投入到推销技巧上，用以次充好、以山寨品牌代替正品等"狡猾"的方式让客户乖乖买单，吃过暗亏的客户不少。而现在的客户购买商品的渠道更多元，投诉曝光机制也更完备，销售服务的重心也随之发生了转移。

相比过去销售员所用的各种"杀鸡取卵"的推销产品的方式，现在的销售员更提倡诚信与服务。

符合客户期待的销售服务是销售员40%的时间都用在了倾听客户上，因为倾听能够帮助销售员与客户建立起更融洽的沟通氛围。在这种氛围中，客户往往更愿意把自己的想法告诉销售员，这样就建立起了信任关系。

这一点，也同样印证了回访客户的重要性。你对客户的关注与耐心，会赢得客户的好感。今后他要买东西或是他身边人有购物需求时，客户会优先想到那些他所信任的销售员。

说到这里，想必你也会认同进行客户回访的有效性。下面我们就要讨论怎样才能把客户回访工作做得高效呢？

（1）完善回访工具。

如果你所在的公司平台不错，有销售系统，那么对于你的工作开展会很有利，你需要记录每一次的客户跟进信息。尽可能多地备注客户信息可以让你在今后的回访工作中更加轻松，这些记录都可以成为你的备忘录。可以从中寻找打动当前客户的话术要点，而不是对所有回访客户都使用同样的话术。

（2）明确回访目的。

回访的主要目的是挖掘新的销售机会。有时候回访的对话并不一定都是愉快的，客户可能会在电话中抱怨你的产品，抱怨你的售后服务与销售时的承诺不相符。这时你一定不要陷入无谓的解释与争辩之中，而是要牢记你的回访目的。回访是为了保持或增进客户对你的好感度与信任度，而不是让你站在客户的对立面。

遇到客户抱怨的情况，多以倾听和宽慰为主。如果涉及投诉，那么你可以作为转接方，为客户把意见转达给投诉处理部门。

又或者，不论你做了多么充分的准备，你的状态有多好，客户依然会挂断你的通话。这也没关系，客户也有心情不好、被杂事缠身的时候，你只是在一个不对的时间打了回访电话，不要因此而受到影响，再换个时间回访客户即可。

回访前必做的两件事

◎ 本节思考

（1）你有备注客户信息的习惯吗？如果有，你的备注信息是否全面有效？

（2）每次回访之前，先想好自己回访的目的并做好记录。

第四节 通过回访打造你的个人品牌

大多数公司都希望销售员能不断地开发新客户，从公司的层面来说，这样可以扩大自己的客户群，更多地抢占市场。但这也容易使销售员将工作的重心偏移到新客户拓展上，而忽略了对老客户的维护。

如果把老客户丢失了，那么对于销售员来说是非常可惜的，因为我们都明白，开发一个新客户的成本是维护好一个老客户的好几倍，而且老客户不但能成为回头客，还可以给销售员带来新客户。

在客户回访这件事上，销售员可以先从两个问题开始思考，然后评估自己现在的回访工作开展的质量如何。

问题一：客户可以通过什么方式找到我？

让客户能找到你是销售员的基础工作，但可惜的是，大多数销售员都被开单的喜悦给乐懵了，有时甚至会忘记给客户留下能联系到自己的方式。

虽然客户在购物单或售后卡上可以获得客服电话，但对销售员来说，就流失了一个可以维护的老客户。也有少部分销售员认为，只要完成了开单，有钱入账就行。他是刻意不留自己的联系方式给客户的，因为他不希望客户后续再来占用他的时间和精力。

销售员有这样的顾虑，也情有可原。一旦商品成交，与客户建立关系最深的那个人就是销售员。所以每当客户遇到了相关问题，脑海中优先选择的求助对象就是促使他签单的销售员。但有可能客户向销售人员提问的时候，销售人员正在接待新客户；又或者正处于休息日，销售人员实在不希望这段属于个人的时间被工作侵占。

若你也有同样的观点，那么你可以选择坚持自己的观点，也可以选择尝试维护老客户，看看能否让自己的销售业绩再上一个台阶。

当你决定不放弃维护老客户时，请罗列出你现在所使用的可以让老客户联系到你的方法。如果你能罗列出 3 种方式，那么请确保你在实际销售工作中至少给客户 1~2 种联系方式，如微信号、邮箱、电话号码、微信公众号留言指明你的名字等。

问题二：通过什么方式向客户传播信息？

销售员更愿意把时间和精力放在开发新客户上，因为新客户的开发数量多对业绩的提升作用是立竿见影的。这也就代表，销售员需要用更高效的方式来维护老客户。如果对于老客户总是一对一地拜访、打电话，那么作为销售员来说，这个负担就太重了。所以，销售员在给客户留的渠道，如微信号、个人公众号等。

此外还要考虑一个问题：客户凭什么会保留你的联系方式？假定你留给客户的联系方式是微信，客户也通过了你的微信好友请求，你们能看到彼此的朋友圈。那么你做些什么可以让自己一直被客户保留在微信好友名单中呢？

客户能找到你的联系方式

客户看到你信息的渠道

高效维护客户的两个要点

要想与客户保持良好的关系，你需要满足以下3个元素。

1. 期望

当客户将你添加为微信好友之后，他最简单的一个期望就是你不会骚扰他。最常见的微信骚扰就是不断地发商品广告、促销优惠等。

对于已经购买商品的客户而言，这些广告信息是没有价值的，并且是一种信息骚扰。客户期望你是一名高素质的销售员，不要以上述方式骚扰他。

2. 需求

就像公司不留没有价值的员工，你留着老客户做维护，是希望老客户能够二次消费或引荐新客户给你。同理，客户将你留在好友名单中，同样是希望你能给他带去价值。你需要思考自己能对客户产生什么样的价值。

马斯洛的需求层次分别是生理、安全、社交、尊重、自我实现。你当初能出售给客户商品，就意味着客户是从中获取了收益，他才愿意掏钱购买。但在后续的服务中，如果你希望自己的维护工作是有质量的、能出成绩的，那么你仍然需要从这5个层次中进行挖掘，去发现老客户的需求。当你能够满足老客户的需求时，你就可以跟老客户进一步建立关系了。

案例分享

销售员李晓是一名票务销售员。票务销售并不容易做，如果是散客，就那么几张票量，完全是杯水车薪。如果每个月销出的票量过少，李晓还得硬着头皮自己掏钱买票，这样才能渡过考核危机。

又临近月底了，李晓的销票情况依旧不乐观，现在再去开发新客户，时间太仓促了。李晓想着，能不能请老客户帮帮忙。李晓通过电话、微信群发了优惠购票的信息给老客户，但回应的客户很少。

案例解读

李晓的销售弱点在于没有维护住老客户的黏性。对于李晓这样的销售员,他需要大客户(能购买大票量的客户)支持。所以,在李晓的销售工作中,他需要再加上"承诺"这点。

3. 承诺

老客户一般不会主动想起销售员,因为销售环节已经结束。有的客户也不愿意加销售员微信好友,以避免后续被信息骚扰。但是如果还存在后续的销售环节,那么会在很大程度上提高客户对于销售员的服务黏着度。

例如,当销售完成之后,销售员可以跟客户说:"您可以添加我的微信,因为我们公司每个季度都有答谢客户的活动。上次我们公司开新品发布会,请来了代言人,活动结束后还安排了客户跟代言人一起吃饭。我每个季度能拿到几个活动名额,到时候我提前通知您。"

这类活动承诺会使客户产生期待,提高客户保留销售员联系方式的概率,并且对销售员来说,这种承诺为回访提供了极大的便利。通过这一话题进行回访,会得到客户的热情回应。类似于发布会、工厂参观、客户满意度有奖调查等活动,都可以请参与的客户回去写一篇点评作为宣传稿材料,这些宣传稿就是销售员群发的好内容。

越是优秀的销售员,就越需要"攀高枝",平台提供的力量加上个人优秀的销售技巧,可以让销售员受益更多。

 马斯洛需求层次理论

马斯洛需求层次理论共有5个层次,由低到高分别为生理需求、安全需求、社交需求、尊重需求和自我实现需求。

如果你能熟练地掌握这一理论并在销售过程中套用,相信你会受益良多。因为我们每个人的需求基本都涵盖在这5个需求层次中,对这个理论充分了解后,也相当于更进一步了解了人性。

生理需求是我们最基本的需求,我们每个月固定的支出就是为了满足这一生理需求。我们每个月都需要支付水费、电费、煤气费、餐饮费、住宿费等,因为我们的吃、住、日常生活都需要这些物质来满足。当然,其中还包括人的生理欲望。

一般而言,当低层次的需求得到满足后,我们会在内部动力的驱使下,去追求更高层级需求的满足。不论社会地位有多大差别,这5个需求层次的规律是不变的。

如果我们的基本生理需求得到了满足,接下来我们会努力满足自己的安全需求。例如,工地上的工人会购买用料更厚、校验标准更高的安全帽,以确保自己在工地上的安全;企业高管会考虑为自己购买保险,同时定期参加高规格的体检以确保自己的健康状况。

当我们的生理需求与安全需求都得到满足后,就会追求第3层需求:社交需求。我们会主动与他人建立联系,如周末希望有人陪着看电影、逛街、玩桌游等,谈一场甜蜜的恋爱,拥有一段美满的婚姻。此时我们会较多地进行社交娱乐型消费。

第4层是尊重需求。从第4层开始,需求的实现变得较为艰难。它包括对自身价值的认可、自信心、他人对你的尊重、你对他人的尊重等。人们会通过各种途径来使自己变得更优秀,只要自己优秀了,就能获得更多人的尊重。

第5层是自我实现需求。处于这一需求层次的人,想更加充分地了解自己,激发出自己的所有潜能,使自己成为心中想成为的那个人。例如,成为某个领域的权威,或是筹备公司上市等。

◎ **本节思考**

(1)你有主动给客户留下联系方式的习惯吗?

(2)你一般通过什么方式给客户传递信息,记录最有效的方式。

第十章 销售高手都在用的成单技巧全攻略

销售新人快速成单的方法
掌握成交正循环法
如何快速引导客户成交
如何在电话沟通中快速接触交易决策人
走好这3步,你能签下90%的订单
如何创造成交最佳时机,踢好销售的"临门一脚"

第一节 销售新人快速成单的方法

每个岗位上的人都有适合自己的工作方法，只要找对了方法，成功便指日可待。对于销售新手而言，实现开单无疑是一个从 0 到 1 的重大突破，所以在刚起步时，方法的选择很重要。

1. 从入职第一天开始就建立自己的客户资料库

销售新手在拜访客户时遇到的挫折一定很多，因为新手是以发展新客户为主的，还没有积累到足够的客户基量。这时新手对于自己每天的成功目标的设定就需要更加地合理化。

作为新手，你可以不把目标设定为签单，而是将关注的重点放到自己的客户资料库的建设上。当每天的工作结束之后，你需要将拜访的每一位客户的相关信息加入自己的资料库中，包括每位客户的性格特征、兴趣爱好、购物需求及消费实力预估，将收获到的这些信息全部录到一张表格中，这样可以优化你继续培养准客户的优先级，帮助你把时间和精力投入到最容易实现签单的客户上。

2. 抓住"捡皮夹子"的机会

我们在销售生涯中常常会听到或碰到谈一次就签单的客户，那种即谈即签的感觉就跟捡到了钱包一样。

这种客户并不是偶然凭运气碰到的，而是这位客户之前已经对产品做了一番了解，甚至前期已经接触过几位类似产品的销售员。做了全面的考量之后，客户购买的意愿变得坚定而强烈时，你正好出现了，并且与客户相谈甚欢。这时你就等同于捡到了皮夹子。

重点在于，你能不能识别出对方是一个"钱包"。

首先你要留意倾听客户表达的内容。一般情况下，如果客户已经对产品有所了解，那么他是不会想听你对于产品细枝末节的推荐与渲染的，而会提出自己的核心问题。此时的你就要简明扼要地直奔主题，不要怀疑客户的理解力。当客户表示已经对你的讲解有一定了解并展现出认可的态度时，你就可以适时地向客户提出购买邀约。

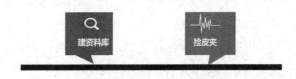

进入成单快车道的两个方法

案例分享

我的一位前同事，他们夫妻俩看中了一款车型。在做了很久的资料对比调查之后，夫妻俩终于下定决心要去购买了。于是他们在攒了几个月工资之后，选了一个双休日，兴高采烈地去车行看车，而接待他们的销售员却没有意识到这正是一个可以"捡皮夹子"的机会。

前同事跟我吐槽，遇到的那位销售员丝毫没有聆听她老公的提问，而是急于向他们夫妻俩讲解车子的功能有多么出众。

最终，前同事决定不论这家车行能给什么样的折扣，他们都不会在这里订车。因为在他们看来，这家车行的销售员只懂得卖产品，而不懂得尊重客户，不懂得聆听客户的需求。就这样，这位销售员与"捡钱包"的机会擦肩而过。

案例解读

曾经听过一个笑话，穷人死后入了天堂。当他看到上帝的时候，愤愤不平地对上帝说："我一生善良，你为何让我过得这么穷？"

上帝委屈地说道："我扔了一包金子在你脚旁，你看都没看就走开了。"

穷人："啊？！我以为那是别人的包裹。"

上帝继续说道："后来我又扔了一块金砖在你面前，金砖都把你绊倒了，你却把金砖移到了路边，然后你又离开了。"

穷人痛心疾首地说："我看那么大一块金砖，简直不敢相信。那一定是有钱人不小心放在那里的。我把它放到路边，不让它再绊倒别人。万一主人回来，也能找到。"

上帝笑着说道："你很善良，这也是你能够进天堂的原因。"

案例中的销售员就像是这位穷人，即使有"皮夹子客户"出现，他也不敢相信自己能够轻易地成单。他还是按照既定的推销流程，卖力地向客户兜售自家的产品。结果用力过猛，反而错失了送上门的单子。

◎ 本节思考

你有自己的客户资料库吗？如果没有，马上动手建立资料库。

第二节　掌握成交正循环法

就像环保主义提倡的资源再利用一样，销售员也可以把自己的资源再次盘活，生成新的订单，这就是成交正循环法。掌握了这个方法后，开展销售工作要比开发新的客户群体更轻松，只要做好以下两点就够了。

1. 掌握让客户感到价值感的话术

对于成交后的客户来说，你的应答会显得特别重要，你要努力通过话术让客户感谢你。其中一个关键点是，要提高客户的回购率，你就需要让客户对上次购物产生价值感。价值感是什么？就是感觉自己花这钱值了，甚至还有种占到便宜的喜悦。

案例分享

在美国，有一对夫妻路过一家古董店，就进店逛了起来。因为他们刚买了新房，所以想买点装饰物装点新家。

妻子进店之后一眼就相中了一座古董钟，于是把丈夫叫过来："亲爱的，你看这座钟，它的雕刻真不错。"

丈夫扶了扶眼镜，仔细地将古董钟打量了一番，点头说道："是挺不错的，放在我们家客厅的走廊上正合适。"

可丈夫瞟了眼标价，又有点犹豫："不过这钟要800美元。我们刚买了房，这个价格对我们来说负担有些重。"

妻子听了之后，承认这是现实，但抵不住心里对这座古董钟的喜爱，就对丈夫说："我去跟店主说说吧。不知道他是否可以把钟便宜点卖给我们。"

妻子的心理价位是600美元。她找到店主，客气地说："老板，我看中了那座古董钟，价格你能不能再便宜点。"

老板微微一笑，问道："那您愿意出多少钱呢？"

妻子内心有些忐忑，回答道："老板，我们是新搬过来的，刚买了房子，手里闲钱不多。我报的价格可能会让你感到震惊。"

老板仍然保持着微笑，说道："那这个会让我震惊的价格是多少呢？"

妻子嘴角有些紧张地抖动了一下："你看，我很喜欢这座古董钟。但是这座钟上面已经附着了一层灰，想来肯定很少有人注意到它。所以我愿意出300美元购买它。"

妻子本以为自己的报价会让老板恼羞成怒，没想到老板竟爽快地答应了以300美元将古董钟卖给这对夫妻。

当夫妻二人捧到这座古董钟的时候，妻子有些懊悔地想："早知道老板会答应300美元，还不如将价格报得再低些。"

回到家后，妻子虽然觉得古董钟放在走廊上的确很好看，但总怀疑这座古董钟的价格应该是低于300美元的。

● 案例解读

到家后，夫妻二人都会觉得，这座古董钟不值300美元。当然，他们今后也不会再光顾那家古董店了。至此，由于自己的销售话术不得当，古董店的老板将这对本来可以发展成老主顾的客户变成了"一次性"客户。

为什么说古董店老板的销售话术不得当呢？客户还价，他一口就答应了，这样的行为自然会让客户感觉当前消费不值得。

这时客户心里的感受是什么样的呢？也许懊恼自己没有把价格还得更低些，也许怀疑店主的标价存在水分。但能够肯定的是，客户没有体验到购物的价值感。

当客户没有在你这里获得购物的价值感时，今后客户再次光顾的概率就会很低。

如果古董店老板听到妻子的报价之后，瞪大眼睛说："300美元？这位太太，这座古董钟的价格可是800美元呐。您是否愿意再加点钱？"

一般来说，当顾客心里还有价格空间时，顾客是愿意做一定让步的。然后老板再说："成交。这位太太，您的眼光真的太好了！这座古董钟曾经存放在温士顿伯爵的家中。您今天能以这样的价格把它买下来，真的是太划算了。这是我的名片，今后如果您朋友需要买物件，可以多多介绍给我。"

如果老板当时用这样的话术，让这对夫妻感到自己做成了一桩超值的买卖，那么今后他们还会来光顾这家店，也会推荐他们的朋友过来。

由此可见，要提高客户的回购率，就需要在当次交易中利用话术让客户感受到这笔交易的价值。

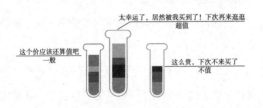

客户主观感受的差异

销售员经常会说的是，"谢谢您的惠顾""下次再来惠顾"。这些话术虽然客气，但传达出的信息是，谢谢客户帮了你的忙，在你这里买了东西。但更高阶的销售话术是这样的：

"您太有眼光了，购买我们家产品是不会出错的。这是个英明的决定，我们家的产品一定会让您的产能提升数倍。"

这样的话术既包含了对客户的恭维，又向客户强调了他所获得的利益点。通常情况下，客户都会对你表示感谢，同时他也会觉得，这次购物是相当值得的。

2. 对成交客户进行回访相当于再"挖金"

对于销售员来说，在客户已经购买商品之后，还存在回访顾客的必要吗？答案是肯定的。

首先要看公司的整体销售策略。有的公司会将客户售后回访作为一项服务，而这项售后服务是有助于销售员在前端销售时做推进的砝码。因为优质且完善的售后服务，也是推销商品时的一大卖点。而有的公司会将客户回访交给销售员自己去做。或许有部分销售员不太理解，客户已经购买了商品，为何还要花心思和精力在客户的回访上？

这种纯服务性的工作交给销售员去做是否合理呢？答案也是肯定的。

从销售员的角度来说，对老客户进行回访是非常有利于开展销售工作的。为什么这么说呢？因为已经购买商品的客户，对于销售员的信任度和认可度都是相对较高的，只要销售员在售后回访时保持情感联系，便会加深客户对销售员的良好印象，并且可以提升客户给销售员推荐新客户的概率，这比销售员自己去拓客要更加轻松。

还有一个显而易见的优势在于，由于是接受了朋友的推荐，因此新客户在推荐的销售员这里购物会比去陌生的商家那里购物更加放心。这就代表经由老客户推荐的新客户成交的概率更大，何乐而不为呢？

有一项销售统计数据也表明了这一观点的有效性。据美国汽车工业调查结果显示，一个满意的老客户会带来 8 笔潜在生意，其中至少有一笔可以成交。原因在于，老客户推荐的新客户对销售员的认可度与信任度会更高。

从成本角度来说，留住老客户所耗费的成本是开发新客户的 1/5，而做客户回访也是做客户开发的一种渠道。

客户成交正循环法

当然，在回访时你可以不那么保守。在回访某客户多次之后，如果你的客户资料库中显示，这位老客户虽然对你很满意，却没有带给你新客户，你便可以在下次回访时主动地询问对方使用你的产品后或跟你的合作是否还满意？如果对方反馈都很满意，你就可以向对方致谢，并且主动询问对方可否把他满意的服务推荐给身边人，把对商品感兴趣的朋友推荐给你。

将资源盘活就好比种下了一棵树，这棵树会随着时间的流逝不断开花结果，给你带来业绩。

◎ 本节思考

以一个季度为时间周期，记录你的客户回访情况，并总结你在回访中获得的收益。收益可能包含新客户、信息情报、情感收益、老客户二次购买等。

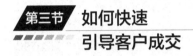

第三节 如何快速引导客户成交

对于销售员来说，最美的那一刻无疑是听到客户说："好，就买这个了。"这代表销售员付出的时间和精力都有了回报，并且证实了销售员的销售能力与价值。

人更愿意做那些能够证明自己、实现自我价值的事情。当然，要使"成交"变成你所擅长的事，你就需要掌握更多的销售技巧。只要商品的定价符合大众消费者的经济水平，这类商品的成交是可以通过以下几个销售技巧去引导的，而且成功率很高。

1. 在话术中加入客户无法反驳的现实性叙述

如果是资深销售员，那么他能快速地通过客户的穿着打扮、言谈举止了解客户的喜好、性格及消费力。而一般的销售员则可能达不到这样的水准。对于一般的销售员来说，可以通过叙述现实来引导客户给出认同的信号。例如，在大晴天，你可以跟客户寒暄"今天天气真好"，这是一个无法反驳的现实性叙述，客户只能给予认同的信号。

案例分享

场景：女装部。

销售员："您喜欢红色的吧？我看您的大衣和帽子都是红色的。"

客户："也谈不上喜欢，正巧今天赶上这身装扮了。"

案例解读

在双方还没有建立起好感与信任时，即使是揣测性的恭维，也可能会引起客户的反驳与不悦。所以，在刚开始接触的时候，选择现实性的叙述是最安全的沟通内容。

案例分享

销售员："我来帮您把大衣挂起来吧，您慢慢挑。您今天的大衣和帽子都是红色的呀。"

客户："是呀，出门的时候随手戴了顶帽子。你这么一说还真是，红色挺好的，喜庆。"

销售员："没错。那这次您想挑些什么颜色的衣服呢？"

客户："我看红色就挺好。你看看我这身型，给我选几身衣服来吧。"

销售员："好嘞，马上给您挑。"

案例解读

先从现实性叙述开始，与客户展开互动，不但能避免沟通风险，还有利于打开客户的话匣子。

此外，从心理层面来说，只要你能让客户对你不断地点头，做出认同性的反应，他对你的好感度和信任度会直线上升。客户对你产生好感与信任之后，就更容易放下消费疑虑，选择在你这里成交。

2. 主动引导客户进入商品推介阶段

商品推荐分为开场、商品介绍、了解顾客需求、商品功能详解、客户答疑、成交流程等阶段。

销售员可以主动引导客户将注意力放在客户答疑、成交流程这两个阶段上。因为通过客户消费行为分析可以发现，客户在谈论付款方式、售后事宜的时候，有更大的概率做出购买决定。所以销售员在接待客户的时候，可以有意识地引导客户进入这两个阶段，而不要仅停留在了解客户需求与商品功能详解阶段。前几个阶段都是为成交做铺垫的，不值得花费太长的时间，除非是在做高单价商品的推介。此类商品由于价格高昂，客户一般会谨慎消费，因此会在前几个阶段花较长的时间做了解。

3. 在做商品推销时要识别客户的沉默信号

客户在不同时间点出现的沉默，传递着不同的信息。如果销售员懂得处理的方法，就会对自己的销售工作大有裨益。

如果客户的沉默是在对话早期出现的，那他们可能是在等待销售员说一些他们愿意听或值得他们花费时间听的内容。此时，销售员可以先执行第 1 个步骤——破冰，尽量打破客户的沉默，让他开口说话。这样销售员才能捕捉到客户的购买需求或偏好，以此来提供给客户想了解的信息。

如果在销售员推介了一段时间之后，客户仍然保持沉默，就代表他对当前销售员并不满意。这个时候销售员可以静静地等在一边，给予客户购物空间。因为少说总比因说错话而引起客户反感要好。

快速引导客户成交的 3 种技巧

如果前期的沟通都非常愉快，销售员执行第 2 个步骤引导客户开始谈论关于成交阶段的内容，这时候客户出现了沉默，那么很有可能是客户在思考，在决定是否购买当前销售员所推介的商品。

在销售过程中可以使用的技巧非常多，你可以选择几种自己使用得最得心应手的技巧，尝试提高成交率。

◎ **本节思考**

回忆最近一次快速引导客户的情境，写出当时使用的话术和技巧并对其进行分析。

第四节 如何在电话沟通中快速接触交易决策人

做销售员起步难，因为积累客户资源非常消耗心力，而且很有难度。我们在之前的章节中提到，要想快速成单，就需要找到交易的决策人。但在你刚起步的时候，往往很难接触到决策人，首先是拿名单，这会成为你的第一道关卡。

很多前台、销售助理或是秘书，他们都有丰富的电话接听经验，能够判断哪些属于推销电话。在这种情况下，当你想通过他们索要交易决策人的电话号码时，你会怎么做呢？

很多销售员在电话沟通中使用了较为直白的话术，例如，"我是小王，上海钢铁厂的销售员，想找你们的采购经理，聊一下关于部件供应的事情。您能帮我转一下电话吗？" 只要对方公司不是小作坊的形式，销售员的电话就很难被转接给采购经理。因为通常成规模的公司，已经有了自己的采购渠道和供应商。销售员想要接触到交易决策人，则需要在话术上动一动脑筋。

前台在接到上述推销电话之后，通常会礼貌地回复："经理不在，您可以留下大致的信息和联系方式，如果我们经理需要，会主动联系您。"如果销售员选择就此放弃，那么一定记得留下准确的联系方式，至少算是给自己留了一个机会。但其实销售员还能做多一些，例如，询问前台要一个邮箱，以便将自己的推介资料发给对方，增加获得对方联系的机会。

案例分享

销售员小李子，手上资源不多，只能从电销开始做起。但是公司给他的名单，大多只能接触到前台。每次打电话给前台，前台小姑娘总会把小李子礼貌地打发了。

小李子通话几次都没能攻克下来，连前台这关都过不去，更不要说接触到核心决策人了。

万事起步难，但只要你选择主动进攻，永不放弃，那么有以下几种话术可以参考。

1. 点明对方的损失

"您不愿意转这个电话，贵公司将因此失去一个赚钱的机会，您能承担这个责任吗？"

很多前台是不懂业务的，如果你在通话前期加入一些业务场景，那么实现转接的概率会更大。

2. 强调对方的工作职责

"那也没关系，既然您不愿意转接这个电话，那么能不能告诉我您的名字？如果贵公司将来有人跟我说起来，我就可以告诉他，我曾经联系过你们公司的谁谁了。"

这会让对方产生担忧：会不会因为自己没有转接电话，而造成公司业务的损失,将来有人来问责?

3. 运用同理心

"我理解您不能直接帮我转接电话,毕竟您有您的工作职责,我明白。我感觉您的工作态度很专业,想来你们公司对于业务规范一定很看重,我也十分想和这样的企业合作。您如果不方便转接,那么可否告知我一个可以电话联系的对接人?"

使用第1种、第2种话术,会显得强势而有力,表现得自己非常懂行,但使用话术的成败就在当次通话中。如果当次通话没有转接成功,那么今后你的声音被同一名前台识别出来时,被转接的概率也极小。

使用第3种话术是比较安全的,因为即使接通电话后,没能被前台转接到交易决策人那里,实际上你也已经跟前台建立关系了,之后再打电话也不会吃闭门羹。

绕开前台的3种话术技巧

◎ **本节思考**

每天进行固定次数的电话拜访,使用上述技巧并分析结果。

第五节 走好这 3 步，你能签下 90% 的订单

销售有基本功，也有套路。销售新人要尽快适应新环境，找准自我定位，明确发展目标。可以通过"三步走"工作框架来提升业绩：第 1 步，打开客户的话匣子；第 2 步，帮助客户做商品评估；第 3 步，处理客户异议。

若你已经是颇有销售经验的老手，那么可以详细看看这 3 个步骤中的使用技巧，这些技巧只要使用到位，可以让最基本的框架成为有效的销售互动套路。

1. 精炼销售话术

伶牙俐齿的幼童会得到众人的啧啧称赞，因为大家的身份与所处的心理位置不同。倘若是一位面对客户的销售员，那就不适合再以伶牙俐齿来获取客户的认可了。一味地在客户面前卖弄专业学识，对客户进行"信息轰炸"，试图让客户在晕头转向的迷糊状态下半推半就地签约的销售员，往往熬不过 3 个月就会被淘汰，因为他选择了一种不能长久发展、不能维持自己销售生命线的推销方式。

越是高档次商品的销售员，越需要调整自己面对客户时所说的话。就跟射箭一样，最好一箭射中靶心，戳准客户的消费需求点。而不是为了显摆自己有个巨大的箭筒，可以万箭齐发，最终把客户射成刺猬，让客户反感。

正确的做法是，先利用微笑获得客户的好感或接受，之后的话术不是为了直接推销，而是为了打开客户的话匣子。客户说得越多，你能获得的信息越多，并且能看到客户的"靶心"在哪里，然后针对客户的核心需求点进行攻克。这就是"话贵在精"的道理。

2. 为客户提供商品评估的过程

客户什么时候才会买单？客户在买东西的时候，习惯对商品进行评估，越是价格高的商品，客户购买时就越谨慎。这是因为客户需要一段时间做商品评估，

这就导致他们无法当场决定下单购买。如果你知道这个环节，你就可以主动为客户营造一个商品评估的环节。例如，你可以用同类同系列商品做对比、展示，或者用当前商品跟其他品牌的商品做对比。

当然，原则上建议使用自家品牌的商品进行功能性的对比，这样可以避免客户认为你是为了突出自己商品的优势而贬低别家的商品，从而对你的话产生质疑。

若你使用第一个步骤，跟客户建立起较为融洽的关系，那么客户会耐心听你为其做商品功能对比，这样可以帮助客户更多地了解他想购买的商品。只要客户认为自己对某一商品非常了解，他就会对此次购物充满信心与安全感，这样便有利于促成客户当场签单。

3. 利用客户的异议来推动成单

当客户对商品提出不同意见时，他并不是想挑刺，而是想最大限度地了解这款商品（除非你在第1步没有做好，让客户反感了）。与其反驳客户的观点，让客户不悦，还不如告诉客户，他在购买商品后可以获得的利益。每个人都是趋利的，不论是销售员还是客户。

案例分享

卡内基在成名之前应聘过一家大型公司的销售员一职。这个销售岗位月薪为5000美元，而这家公司从100个候选人中只看中了卡内基。那么卡内基是如何获得这1%的机会的呢？当时面试官出的考题是，让在场的每一位候选人都去领一张白纸，所有人都可以随意地在白纸上涂画，最终的考核点在于，谁的纸最先被捡起来。

如果是你，你会怎样设计这张白纸，让它比其他99张白纸更能吸引路人的眼球？

这100个人中，有的人在白纸上画了可爱的卡通图案；有的人在纸上写满了祝福的话语；手巧的候选人还将纸片折叠出了有趣的形状。而卡内基什么都没有写，也什么都没有画，只是在纸上贴了两张100美元的钞票。

　　或许你有很多有创意的想法，别出心裁，但请记住，我们每个人都是趋利避害的，没有什么比既得利益更能吸引人。卡内基也是因为深谙此道，才大获全胜的。

　　对于销售人员来说，要让客户放下内心的疑虑，接受你的商品，你就应该最大限度地让客户感受到你的商品可以给他带来创新性的好处。你要做到，让客户感觉有利可图，这样会极大地提高你的成单概率。

人的趋利性

　　人都是在不断地追求对自己有利的事物。此处的"利"不单指财富，还包括所有能使人变得更好的事物。

　　我们追求财富是因为财富可以实现我们的愿望，如买房买车，改善我们的居住环境，让我们的出行更加便捷；同时豪宅、豪车还能提升我们的社交形象与地位。趋利是一种本能，即使是动物也有趋利性。就像鸟儿筑巢，它也会选择更舒适的材料。

　　也就是说，如果你能在销售过程中满足客户的趋利性，那么成单的概率便会随之被提升。

　　商品折扣能最直接地满足客户的趋利性，但不是每个销售员都可以随意给客户折扣价。所以你在销售产品的时候，要盘活手头的资源，尽可能地在话术中突显可以让客户感受到自身利益被满足的要点。例如，你每个季度会有限量的内部购买名额，这次可以把名额让给当前客户；售后服务时，你可以帮客户联系师傅免费上门维护等。

◎ **本节思考**

想一想你遇到过哪些客户异议,并尝试将它们转化为推动销售成单的助力。

第六节 如何创造成交最佳时机,踢好销售的"临门一脚"

能做销售员的人,内心力量往往都不弱。因为做销售员既要有耐心,又要有勇于出击的狼性,还需要有能直面失败的受挫力。

在销售环节提出成交主张就像是临门一脚,能否进球得分就在此一举。但什么时候才是提出成交主张的最佳时机呢?

提议成交就好像钓鱼提杆,提早了,会把"鱼"惊跑;提晚了,"鱼"已游走。我们可以通过以下几个技巧来人为制造最佳成交提议时机。

1. 请客户做小决定,以此推进客户做购买决定

案例分享

你是推销高档加湿器的。加湿器的功能也就常见的那些,加上概念包装能够丰富你的推销话术。当你向客户做了商品推介与答疑后,看到客户出现点头微笑等正面的肢体语言,你就可以引导客户做些小决定了。

你:"您看中的这款是最新款,功能也最适合您这样的白领。这款有两种颜色,时尚橙和魅力粉,您喜欢哪种颜色呢?"

客户:"粉色吧,比较漂亮。"

你:"嗯,我也觉得粉色好看。您是要把它放在办公桌上吗?"(引导客户想象使用商品的场景。)

客户："对的。办公室开空调，有点干。"（引导客户自动加强购买需求。）

你："好的。您使用支付宝付款比较方便还是使用微信付款方便？"

此时大多数客户会做出付款选择。

● 案例解读

销售员通过商品颜色选择、商品摆放位置选择、支付方式选择等小决定，步步推进成交。这对于一些非高价品的销售来说，是非常好的方法。

但对有一类客户，建议不要使用该方式。这类客户言语较为犀利，性格并非开朗型，爱抬杠，爱提出反对意见。面对这类性格的客户，不要主动做推进，因为此类客户不喜欢"被操控感"，他们对销售推进更敏感，也更反感。

2. 提供更多的选择，促使客户确认自己心仪的商品

房产经纪人常用这种方式，尤其是针对租房客户。每个租房客户心中都有个买房梦，但现实是租客连租房预算都很有限。所以，租客在刚开始看房的时候，往往期望过高，但又不愿意提升房租。

这种情况会让房产经纪人感到很头疼。客户对于市场的认知脱节，总认为自己能够捡到漏。如果找不到低房租、高品质的房源，租客就会认为是房产经纪人工作不卖力，没有按照客户的需求匹配房源。而房产经纪人则会觉得"伺候这类客户太累"，因此，他们宁愿抛弃这类客户。为避免客户投诉，房产经纪人会冷处理这类客户，延长回应客户需求的时间，直到客户无法忍受，主动去找其他房产经纪人。

对于手上不缺单子的房产经纪人来说，将精力和时间投入到更容易出单的客户身上，这无可厚非。但如果房产经纪人手头单量小，发展新客户也很辛苦，就

要靠技巧留住上述客户，并推动他们尽快签单。

这时房产经纪人可以用调整客户"心理锚点"的方法来促使客户签单。心理锚点是指我们在做某些评判的时候，会参照第一印象或第一信息的影响。这就好像一个锚一样，把我们的认知固定在那里。例如，租客去同事家做客，觉得同事租的那套精装修的一居室特别棒，房租只要1980元/月。于是，这个第一信息就成了租客的心理锚点。之后租客跟着房产经纪人去看房，都会按照之前的锚点来评判自己看的房。

对于房产经纪人来说，此时就要对租客的心理锚点做调整。

第一步：先了解客户的心理锚点。

对于屡次看房都不满意的租客，房产经纪人肯定会询问租客不满意的原因。租客也会很自然地说出自己曾经去过同事租住的房子，那个房子看上去很不错，房租只要2000元左右。为什么房产经纪人现在带他看的房子都是老房子，房租还在2000元以上。租客对房产经纪人有些不满意。

第二步：建议租客更多地去了解心理锚点的信息。

通常房产经纪人面对客户的质疑都会进行反驳："在这片区域，我带您看的房子已经是按照现有的预算和需求做的高匹配了。说老实话，以您的心理价位，租到精装修的一居室那是不可能的。有的话，我自己都想租一套了。"

这样的说辞并不能帮助房产经纪人实现开单，你可以这么跟客户说："噢，那您的同事很幸运，租到了这样的房子。他当时是自己找的还是通过什么方式？您可以找他问问。有什么消息您跟我说，我可以利用房产中介系统再帮您淘淘房源。"

用这种话术可以推动租客找同事了解更多信息。因为房产经纪人是了解租房市场的，像租客同事这种背离市场价格的特例，一定有特殊原因。例如，租客向同事进一步了解后才知道，同事租的房子是老同学爷爷家的房子，现在他们一家都移居国外了，因此就便宜租给了租客的同事，只要求租客的同事能够把房子当自己家一样，住起来爱惜些就行。租客在了解到这样的缘由后，就会自动破除之前的心理锚点。

第三步：带租客看更多的房源，同时给予专业的意见。

在租客破除了原有心理锚点之后，房产经纪人可以帮助租客生成新的锚点。

房产经纪人可以准备低、中、高 3 档价位的房源，带客户去看，让客户体会其中的差别。这样就为客户建立了 3 个不同价位的新的心理锚点。之后再看房时，客户便会参考新的心理锚点。此时房产经纪人再给出专业的建议，推单会变得容易很多，不用再与客户纠缠于原先所执着的理想化目标了。

对于挑剔、难沟通的客户，需要先带客户看中等价位的房源。原因是先看中等房源，客户不会立马产生太大的心理落差，不会彻底否定房产经纪人的专业水平，不会拒绝再跟经纪人去看第 2 套房源。

租客的心态跟多数消费者一样，想多看看、多对比后再做购买决定。在对第 1 套房不满意之后，再去看第 2 套，感觉还行。但此时消费者仍会抱有期待，还要多看看，房产经纪人就会带客户去看第 3 套房源。经过多套房源对比之后，租客基本就会给第 2 套房源下订单了。

这样的方法给了消费者极大的自主选择空间，消费者会感到自己被尊重，心中需求得到了满足，当房产经纪人提议成交时，被采纳的概率也会更高。

销售的技巧有很多，如果你能基于客户的不同性格选择适合的方法，你就能踢好"临门一脚"。

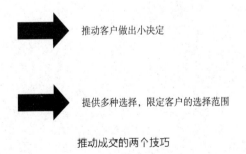

推动成交的两个技巧

◎ **本节思考**

（1）你是否善于踢出"临门一脚"？

（2）在推动客户下单的过程中，你会使用哪些技巧？记下反馈效果最好的那种技巧。